GWIRIONEDD

D0234710

GWIRIONEDD

Elinor Wyn Reynolds

© Gwasg y Bwthyn 2019 Ⓗ
© Elinor Wyn Reynolds 2019 Ⓗ

ISBN: 978-1-912173-27-3

Cedwir pob hawl.
Ni chaniateir atgynhyrchu unrhyw ran o'r cyhoeddiad hwn, na'i gadw
mewn cyfundrefn adferadwy, na'i drosglwyddo mewn unrhyw ddull
na thrwy unrhyw gyfrwng, electronig, electrostatig, tâp magnetig,
mecanyddol, ffotogopïo, recordio, nac fel arall, heb ganiatâd ymlaen
llaw gan y cyhoeddwyr.

Cyhoeddwyd gyda chymorth ariannol
Cyngor Llyfrau Cymru.

Dyluniad y clawr: Rebecca Ingleby Davies

Cyhoeddwyd ac argraffwyd gan
Gwasg y Bwthyn, Caernarfon
gwasgybwthyn@btconnect.com
01286 672018

I deulu'r Gelli Werdd

'Mae Gwirionedd gyda 'nhad
Mae Maddeuant gyda 'mam.'

Waldo Williams

'There are three deaths: the first is when the body
ceases to function. The second is when the body is
consigned to the grave. The third is that moment,
sometime in the future, when your name is spoken
for the last time. So you wait in this lobby until the
third death.'

David Eagleman

'We write to taste life twice,
in the moment and in retrospection.'

Anaïs Nin

BYW

Dim ond cwmpo nath e, doedd e'n ddim byd … hollol sili, mewn gwirionedd. Aeth e i deimlo'n benysgafn, dyna i gyd, gweld y byd yn troi'n chwil o'i gwmpas a'r carped yn shiffto dan ei draed. Ishte lawr a phanico ar fore Iau cyffredin iawn. Y math o fore Iau y byddech chi'n cerdded heibio iddo fe ar y stryd. Un y byddech chi'n cael trafferth ei adnabod mewn *line-up* o ddyddie'r wythnos. Alle fe fod wedi ishte am funud, dal ei wynt i ddod at ei goed, codi ar ei draed a mynd mla'n i ddal ati i fyw. Ond fe banicodd e, fe wasgodd y botwm oedd rownd ei wddw e, yr un oedd fod i'w sbario rhag anhap a'i gadw fe'n saff. Dyna oedd dechre pethe.

Aeth 'y mrawd bach â fi draw i'r tŷ. Fe gynta, fi wedyn. Tasen ni heb wasgu naw-naw-naw. Tase bois y bali ambiwlans heb ddod draw a neud profion, tasen nhw heb drafod ymysg ei gilydd: Hmmm … falle ddylech chi fynd mewn i'r ysbyty, jyst i fod yn saff. Tasen ni heb gytuno gyda nhw: Ie, gwell neud yn siŵr, ife? Y ffylied shwd ag o'n ni, tasen ni heb … falle … falle … O, ac wy'n dweud wrtha i'n hunan, tasen i heb neud peth-a'r-peth neu hwn-a-hwn, fydden i ddim wedi'i weld e'n mynd i gefen ambiwlans a chodi'i law'n ddewr arna i drwy'r drws wrth iddo gau a finne'n dala 'mawd lan cystal â gweud, 'Fydd pob dim yn iawn. Ddilyna i chi. Wela i chi whap.

Fyddwch chi mas o 'na go glou, ac wedyn fe gariwn ni mla'n gyda'r holl fusnes byw 'ma.'

Falle fydde fe dal 'ma. Falle ...

Troi 'nôl am y tŷ, paco bag o bethe iddo fe, wy'n gwbod y dril; pyjamas, brwsh dannedd, socs, pethe fel'na. Rhoi dillad y gwely yn y peiriant iddo gael gwely glân pan ddele fe 'nôl. Fydd e ddim 'na'n hir.

*

Wy'n cyrraedd A&E yn llawn ffrwst a stecs. Parco'r car acha slant ar draws y pafin, fel 'sen i ddim yn becso. Parco fel ffarmwr, yn cymryd mwy na'r lle ddylen i achos 'mod i wedi bod yn rhuthro fel ffŵl, yn *ambulance chaser* go iawn. Gwthio'r gwynt o 'nwrn ymhell bell i waelodion 'yn *handbag*. Sgido mewn i'r adran argyfwng a gweld nad argyfwng sydd yno ond llonyddwch marwol – ma pob dim wedi dod i stop yn sgrech ddi-sŵn wrth i'r drysau gau ac agor a chau ac agor, eto ac eto, fel sibrwd pruddglwyfus rhyw hen lanw a thrai afiach.

Ble ma fe? Oes rhywun yn gwbod? Ar y dde, draw yn y gwely pella.

Ishte'n anghysurus ar erchwyn gwely benthyg, aros i glywed beth sydd i ddigwydd nesa. Dala'n anadl i, gwenu'n glaear a holi.

'Beth wedon nhw 'te?'

'Dim lot o ddim.'

'Beth sy'n digwydd?'

'Sa i'n gwbod.'

'Smo chi'n gwbod lot, odych chi?'

'What's new?'

Y sgwrs yn nychu ar wefuse'r ddau ohonon ni. Lle dierth yw hwn, cymaint o fynd a dod. Hwrli-bwrli pobol mewn glas a gwyrdd yn eu sgidie gwichlyd yn darllen siartie a chyfarfod mewn corneli i sibrwd. Peirianne'n swnian am sylw a goleuade'n fflachio a 'co fe yma'n eu canol nhw, yn fach ac yn dawel fel aderyn wedi'i glwyfo. Mae'n gorwedd yn llonydd ac yn drychyd rownd ar bethe'n digwydd o'i gwmpas â'i lygaid mawr, tywyll. Ni'n dau'n pwyso'n agos at ein gilydd rhag i ni gymryd gormod o le.

Daw lleisie o'r tu hwnt i'r llen. Nyrs yn holi perfedd rhywun yn y gwely drws nesa.

'Will? Will? I need to ask some questions.'

'Eh?'

'Will, when did you last open your bowels?'

'Will! Ma'r fenyw'n siarad â ti, w.'

'Eh?'

'Mae'n gofyn pryd est ti i'r toilet ddwetha.'

'O ... bore 'ma. Tw-dei ...'

'Nage ddim, achan! Don't listen to him. It was Tuesday, nurse.'

'Will ... it says here that you only have one eye.'

'Yes, he lost it in an accident when he was small.'

Ar ein hochor ni o'r llen, ry'n ni'n mentro gwenu ar ein gilydd, sibrwd ac ystyried hanes y dyn bach unllygeidiog â'r llais musgrell yn y gwely nesa a'i wraig deidi, sy'n gwbod am gyflwr tu fas a thu fewn ei gŵr yn well na fe'i hunan ... Sgwn i shwd gollodd Will Glass Eye ei lygad? Druan ag e ... Pwy siort o ddamwain hapnodd iddo'n grwt? Ac ma fe'n rhwym hefyd, pwr dab ...

O ben draw'r stafell aros glinigol hon, daw ochneidio

13

rhyw fenyw sy'n dymuno i'r diwedd ddod ... nawr ... mae'n agos ac mae'n galw ar ei duw i'w rhyddhau hi. Ma hi'n pledio arno. Begian. Dy'n ni ddim am glywed ei griddfan a dyw cyrten ddim yn ddigon. Am le i fod, i fyw ... am le i farw.

Ma'r amser yn araf yma, mae'n tynnu'r munude o'i ôl yn anfoddog fel dyn yn llusgo coes glwyfedig. Aros i weld, aros i glywed. Aros, aros y tu hwnt i syrffed.

'Alla i ddim aros mwy,' meddwn i'n sydyn. 'Wy'n goffod mynd. Ddwa i 'nôl nes mla'n.'

'Sdim yn digwydd fan hyn. Cer di. Wy am gau fy llyged.'

Wy'n codi, cydio yn 'y mag a whilo am rywun mewn glas awdurdodol i weud y dof i 'nôl nes mla'n. Wy'n addo.

*

Yn ystod yr wythnos ar ôl iddo fe gwmpo bydden ni'n treial mynd i'w weld e weithie, achos hen le diflas yw ysbyty, onfete? Nid bod dim gyda ni i'w weud. Jyst ishte 'na ar erchwyn planc o wely yn treial ffindo cysur.

'Odych chi ishe rhwbeth?'

'Ishe dod mas o fan hyn.'

'Fe ddowch chi, pidwch becso.'

'Sa i'n credu.'

'Dewch nawr.'

'Wy o ddifri ...'

A wy'n treial 'y ngore i godi calon sy mor drwm â charreg unig ar waelod y môr, yr holl gerrynt yn ei bwrw hi draw a 'nôl, ei rholio hi ar hyd y gwely fel tase hi'n cael ei suo i gysgu, a phob un tro'n ei gneud hi'n llai ac yn llai.

Ac wy'n ffaelu. Ma'r crac bach sydd ynddi'n agor rhyw dwtsh yn fwy gyda phob hergwd a'r bywyd yn ffrydio ohoni bob yn ddiferyn. Ma'r galon yn dal i guro, yn dal i gyfri eiliadau bywyd ond does dim blas ar bethe, ddim ers i Mam farw – ei gymar, ei hanner arall, ei hanner gwell.

Shwd ffindon nhw ei gilydd, sa i'n gwbod. Gymerodd e ddigon o amser. Ac roedd hi'n rhy brysur i fynd ar ddêt gydag e am o leia bythefnos, wir. Dyddiadur llawn, medde hi, *in demand*. Ond roedd e'n folon aros. O'n nhw *fod* i gwrdd. Ffawd. A phan nethon nhw gwrdd o'r diwedd, wedyn fe ethon ati i greu byd cyfan gyda'i gilydd, i'w gilydd. Fe greon nhw fydysawd. Fe greon nhw ni a phob dim ddaeth gyda hynny. Ni, y darnau mân yn y darlun mwy. Pob dim yn ei le a'r gweu a'r creu teulu'n gelfyddyd ddamweiniol ganddyn nhw, yn gwmws fel tasen nhw'n gwbod beth oedden nhw'n ei neud ar hyd yr amser.

Ac er iddi hi farw, a'r blynyddoedd ers hynny'n dechre mynd i'w cyfri ar ddwy law, ma hi'n dal i fod yno, bob dydd, gydag e, yn rhan o bob dim a'r hiraeth amdani a'r dymuniad chwyrn iddi gerdded 'nôl mewn drwy'r drws 'na'n mynd yn ddwysach ac yn fwy tywyll. Mae'n cau amdano'n glòs, yn ei fygu bron. A phob dydd, pan ma fe'n deffro, all e ddim credu'i fod e'n dal yn fyw a hithe ddim. Dim hi. Damo shwd beth! All e ddim credu ei fod e'n dal yma hebddi, yn rhyw hanner byw llwyd fel hyn.

Ac yn yr ysbyty, yn aros am y profion i weld beth yn gwmws sy'n bod arno, ma'r oriau'n mestyn yn hir, a does dim pall ar yr eiliadau diddiwedd sydd yn gwmws yr un peth â'i gilydd, un ar ôl y llall. A sdim rhaid iddo fe fod yn feddyg i ddweud ei fod e'n gwbod yn iawn beth sy'n bod arno. Ma'i galon fach e'n torri. Torri, jyst rhyw damed bach bob dydd, yn craco bob yn dipyn, a chyn bo hir, bydd hi'n deilchion; a bydd e'n estyn am ei neisied i ddodi'r darnau ynddi a'i chadw yn ei boced, achos does dim o'i hangen hi arno fe nawr.

'Ti'n gwbod, ma pobol yn meddwl bod hiraeth yn paso. Ma'n nhw'n gweud celwydd, dyw e ddim ... fydd e ddim ... all e ddim,' medde fe mewn sibrwd ffyrnig. 'Ma pawb yn anghofio am y golled ar ôl tamed achos ma bywyde gyda nhw i'w byw, pethe i'w gneud. "Fydd amser yn gwella pethe." Dyna ma ffylied yn ei ddweud. Ma fe jyst yn rhwbeth ma pobol yn 'i weud achos allan nhw ddim meddwl am ddim byd arall. Dylen nhw gau eu cege. Dyw e ddim yn mynd yn well, jyst yn wa'th. Yr unig beth sy'n dod yn haws yw 'mod i'n gallu jocan bod popeth yn olréit. Ac wy'n ei cholli hi, ei cholli hi, ei cholli hi ...'

A sdim rhaid i fi fod yn feddyg i weud 'mod i'n gwbod yn iawn beth fydde'n gwella 'i gyflwr e. Dim ond un peth. A tase hi'n cerdded mewn y funud hon ac yn gofyn i fi shiffto lan ar yr hen wely anghysurus 'ma iddi gael ishte lawr, er mwyn dyn ... tase hi ond yn neud ... A dim ond iddi weud un 'dere nawr, bach', yn y ffordd llawn-sens, dim non-sens, yna oedd ganddi, y bydde fe'n 'dere nawr' hyd at eithafion y byd yn ei byjamas streips coch a glas o Marcs, yn droednoeth.

Ma'r ddau ohonon ni'n gweud geirie rownd ein gilydd, jyst rhyw fân bethe fan hyn a fan 'co. Wy'n dechre adrodd rhyw stori am rywbeth neu'i gilydd, ma fe'n cau ei lygaid ac ma'r stori'n arafu ar 'y ngwefuse i, nes sychu a dod i stop. Wy ddim yn cael ymateb ac wy'n meddwl ei fod e wedi mynd i gysgu ... Ody e?

'Odych chi'n gwrando?'

'O'n i'n aros i ti orffen ... Beth o'dd diwedd dy stori di? Daw hi 'de?'

'... Sa i'n cofio nawr ...'

Ac wy'n gadael y stori heb ei gorffen, cetyn stori oedd hi ta p'un 'ny. Gadael y ward am heno a'i adael e'n eistedd yn ei gadair ddiflas yn treial peidio â gwrando ar y pwr dab o ddyn yn y gwely drws nesa iddo sy'n gweiddi rwbish mas yn uchel ar neb neu rywun. Ma fe'n treial 'i orau i gau'r byd mas achos bod y byd i gyd yn drech nag e.

Wy'n troi i edrych arno drwy'r ffenest, fel tase fe'n ddieithryn, yn perthyn i rywun arall. Ma fe'n edrych yn fach, yn damed o beth. Ma fe'n edrych fel crwt bach amddifad, heb neb ganddo'n y byd.

*

Ges i alwad ffôn yn y gwaith. Ma'n feddwl i ar bethe eraill, ar ddirwyn pethe i ben, ar gau pen rhyw fwdwl. Wy'n camu mas o'r swyddfa i siarad yn rhydd o glustie mawr moch bach, ac wy ddim yn deall y geirie wy'n eu clywed.

'Shwd ma Dad?' medde'r llais o bell.

'Iawn. Weles i fe neithiwr. Aros am brofion. Ti'mbo fel ma ddi.'

'Ti ddim 'di cael y neges?'

'Pa neges?'

'Gafodd e drawiad.'

Ond weles i fe neithiwr! Dim ond neithiwr. Roedd

e'n aros am brofion, nid gweithio'i hunan lan i gael trawiad!

'Gafodd e drawiad yn gynnar bore 'ma. Ffindon nhw mohono fe am ychydig. O'dd e ar lawr y bathrwm ...'

Ac wy ddim yn gwbod beth i neud. Ddim yn gwbod beth i neud gyda 'nwylo, gyda 'nghoese, ble i roi 'nhraed, shwd i fod.

Wedi'i roi mewn *coma*, medd y llais ar y ffôn, doedden nhw ddim yn poeni rhyw lawer. Bydde fe'n dod drwyddi, medden nhw.

Iawn. Anadlu ... anadla ... er mwyn dyn, anadla. Cael trefen ar bethe fan hyn cyn mynd. Cymoni. Tacluso. Ta beth chi am weud. Desg wag. Pob dim wedi'i gwpla. Cau drws. Gadael. Gwd.

Gyrru am yr ysbyty a pheidio â meiddio meddwl am beth allai fod pen arall. Wedi'r cyfan, pwy fydde'n dewis marw ar ddiwrnod fel hyn? Gyrru, jyst gyrru. Cymryd gofal ar yr hewl, arafu ar bob tro, sa i moyn lando lan yn 'rysbyty, ydw i?

Parco. Prynu tocyn. Cerdded. Dilyn llinell goch ar hyd y llawr, gwythïen yw hi. Cerdded. Stripoleuade'n sgwrio'r coridor yn lân. Cyffwrdd cledr yn erbyn oerni'r wal. Mae'n gysur. Cerdded.

Dilyn y llinell goch a chyrraedd y parth ble ma pob dim yn newid, ble ma pethe'n troi'n ddifrifol, dim whare. Uned Gofal Dwys. Cerdded pwrpasol. Ac ma'r dryse'n agor fel llenni theatrig yn ddramatig dawel. Shwish ... Ta-raaa! Wele! O dan y llifolau: eich perthynas wedi'i hwco lan i bob math o beiriant. *The best show in town!* Weiars yn tasgu o bobman.

A 'co fe, yn gorwedd yn llonydd mewn gŵn benthyg ar

wely uchel. Hollol lonydd yn y byd difrifol hwn. Edrych fel rhywbeth ddaeth o'r gofod, rhywbeth estron. Ma ganddo fe fwgwd am ei wyneb – ei helpu fe i anadlu, medde'r nyrs, yn ei sibrwd mwya parchus. A does dim i'w neud ond ishte ac aros. Aros am … beth yn gwmws, sa i'n siŵr … aros i weld, sbo.

Pob dim yn dda, medde'r nyrsys. Mi gafodd drawiad ond mae'n dod dros hwnnw'n reit dda. Dim byd i fecso amdano. Ddaw e drwyddi.

Eistedd wrth y gwely. Aros. Clirio'r pen o'r mès sydd ynddo fel nad oes yr un meddwl yno heblaw am y foment hon. Y foment lân, lonydd hon. A jyst edrych arno fe, achos os wna i ddal i edrych arno fe, ddaw dim drwg i'w ran.

*

Dan olau sgrwbiedig, lliw sgalpel y stafell gofal dwys, pwy *yw* hwn sy'n gorwedd yn y gwely? Y sgrapyn bach 'ma o fywyd wedi hen ddiflasu ar yr holl gabŵsh. Pwy yw e? Pwy fuodd e? Ife hwn yw'r un a aned ryw fore barugog o Ionawr mewn gwely, mewn ward, mewn ysbyty, mewn cwm, rhywle yng Nghymru? Y babi hirddisgwyliedig, y crwt â llond pen o wallt du a ystyriai wisgo'i wyneb difrifol fel swydd lawn-amser. Y bachgen tawel oedd yn teimlo pethe i'r byw, yn nyrsio briwiau am flynyddoedd, yn cleisio'n hawdd, yr un fydde'n casglu straeon ei deulu fel trysorau o'i gwmpas. Straeon o amser ymhell cyn ei eni hyd yn oed, straeon am bobol nad oedd yn eu hadnabod, eu gorchestion cyffredin, eu bywyde di-nod arbennig, y rhai oedd yn ei wead, y bobol hyn a'i gwnaeth e. A faint o'r straeon hynny sy'n diflannu i'r ether gyda phob anadl, fel cyfri'r ceiniogau olaf yn ofalus?

A'r straeon pert hynny, y petheuach brau, fydd yn mynd i'w colli, yn mynd yn angof, dros gof, yn ddiflanedig, yn ddwst, yn ddim. Y straeon na fydda i byth yn eu gwbod achos wedodd neb nhw wrtha i, achos o'n ni wastad yn meddwl y dele amser eto, siŵr o fod. Yr hen, hen hanesion am bobol sy'n tasgu'n fyw drwy lawysgrifen bensel frysiog ar gefen cerdyn post neu'n dawnsio ar ysgrifen gain, inciog, fyrlymus yn snyg mewn llyfr nodiade. Straeon y rhai hynny fydd, yn sydyn, yn codi o farw'n fyw unwaith yn rhagor wrth gyffwrdd â llyfre, botyme, dillad, llythyron, celfi, platie, ac yn cerdded fel sibrwd oer neu gryd drwy stafelloedd y meddwl. Y cyfan hyn wedi'u costrelu yn y corff bach hwn sy'n brwydro i anadlu, yr un ma'i frest yn gweithio mor galed â megin i gadw marworion y straeon hynny'n fyw. Y straeon iâr fach yr haf, sy'n dawnsio am funud lachar ond yn troi'n llwch mewn eiliad.

Wy'n eistedd wrth erchwyn y gwely ac yn edrych arno'n cysgu yn drwm dan feddyginiaeth. Mae'n anadlu, mewn a mas, mewn a mas ... mewn ... mas ... Ma fe'n olréit, fe ddaw e drwy hyn, does bosib. Ac ma gen i hamdden i edrych arno'n iawn nawr, nid dwyn rhyw gipolwg slei pan nad yw'n edrych. Mae'n olygus, yn hardd, yn edrych fel arwr yn ei stori fe ei hunan. Rial hîro. Hîro ni.

Wy'n dala 'i law e. Cydio ynddi. Wy'n cofio'r holl ddala fu dros y blynydde. Dala dwylo, dala'n dynn, dala'n saff, dala'n sownd. Cofio cerdded drwy lwch diddiwedd un steddfod yn dala 'i law e heb wbod i ble'r o'n ni'n mynd, estyn llaw am lan i'w law e, cydio a cherdded i ganol dim, heb wbod bod diwedd ond gwbod bydde pob peth yn iawn serch 'ny. Cerdded i wyneb haul llygad goleuni. Cofio ishte yn y car mewn storom eira a meddwl na ddelen ni byth gytre ac edrych ar ei ddwylo'n cydio yn llyw'r car, yn gadarn i gyd, dwylo nad oedden nhw byth yn gweud celwydd, dwylo oedd wastad yn deg, a meddwl bryd 'ny yng nghanol panic y chwyrlïo pluog, 'Fyddwn ni'n olréit. Ma Dad 'ma.' Ac mi oedden ni, yn olréit ... bob tro. Sleifio mewn gytre ... a'r whetherless yn gweiddi, Carmarthen! Carmarthen!

Treial dala 'i law e a'i mwytho hi, treial rhoi cysur, teimlo'n annigonol yn panso neud y fath beth. Ma'r nerth wedi hen fynd o'i ddwylo fe ac ma ôl blynyddoedd yn drwm arnyn nhw. Briwiau gwaed yn gyrch awyr trwm dros groen cefen ei law a siom dros bob giewyn, yr esgyrn i'w gweld yn agos agos o dan yr wyneb. Mae'n dal ei ddwylo'n ddyrnau tyn, tyn. Sdim lle i 'mysedd i ffindo'u lle pleth rhwng gwasgfa ei fysedd e. Ma fe'n gandryll, ma fe'n grac. Crac ei fod wedi'i dynnu 'nôl i'r byd hwn o'i anfodd wedi'r trawiad, bod y meddygon wedi ymyrryd â'i ffawd. Ac ma fe 'nôl yn oerfel heddi unwaith yn rhagor.

Drychwch. Ma fe'n dechre dod rownd. Mae'n ymateb i gwestiynau, medd y nyrsys gleision, effeithlon. Drychwch. Nòd ac amnaid cyndyn. 'Shwd wyt ti heddi, bach? Shwd ti'n teimlo? Ti mewn poen?' Olréit, gweddol, nagw. Dadebru o ddüwch moddion cwsg. Dyw e ddim ishe bod 'ma, ddim mwyach, roedd e'n meddwl bod diwedd wedi dod neithiwr a bod dim mwy ganddo i'w neud. Neithiwr, yn yr orie mân pan nad oedd llygaid neb yn sbecian, tybiodd ei fod yn ymollwng am y tro ola. Ond damo, dacw fe, yn rhan o'r byd hwn o hyd; ar y ward, yn y gwely, yn ôl yn gwisgo'i fywyd.

Wy'n edrych arno fe'n dod rownd yn slo-bach, yn dod 'nôl aton ni. Ac wy ishe 'i gadw fe'n saff fan hyn am byth, yn grair yn ei fywyd ei hunan, ei roi e mewn casyn gwydr, yn saff mas o ffordd y byd.

Ry'n ni'n eistedd o gwmpas y gwely'n griw, jyst yn edrych arno a mwmial siarad am ffrwcsach teuluol dibwys. Aros a gweld y munude'n treiglo o un i'r llall. Gwylio'r bysedd yn sglefrio o gwmpas y cloc, rownd a rownd, a rownd eto a ninne'n synhwyro 'i bod hi'n nosi rhyw ychydig. Nes i un o'r nyrsys sibrwd, 'Sdim pwynt i chi aros heno. Ma fe'n iawn am nawr, geiff e gysgu, tan y bore.'

Edrych ar ein gilydd.

Tan y bore.

*

Wy angen cerdded liw nos, angen teimlo lliw'r nos ar 'y nghroen. Gwisgo 'nghot, mesur hyd y stryd drwy gyfri 'nghamau. Un ... dau ... un ... dau ... Arogl blodau'r cyfnos yn fy meddwi i'n chwil. Ma hi am fod yn noson fohemaidd heno, bois. Adar y gwyll yn dawnsio ffandango ffansi o blu uwchben. O! Dim ond showan off yw hwnna. Y gwylanod yn canu ffarwél i'r dydd a'i sbwriel, 'Ta-raaaa ... Ta-raaaa ... Welwn ni chi 'to! Ta-raaaa ... Welwn ni chi 'to!'

Ac yn sydyn, ma cathod yn ymddangos yn slei o'r cloddie, yn arllwys mas o ddryse cefen y tai neu dwmblo lawr y pibe wrth i'r awyr wrido'n binc ar ddiwedd dydd.

Cath fan hyn, cath fan draw, 'co! Ac ma'n nhw'n syllu'n ewn ar ei gilydd â'u llygaid lliw cols twym, ma'r fflam yn cynnau a'r tân yn cydio ac ma'n nhw'n blysio cael bod yn intimet. Rhyw hen gathod comon yn desbret am ei gilydd. Y mewian yn dechre a'r wben am damed bach o *action*. Mynd yn ffrisgi. 'Bach o ddawnsio, 'bach o wmladd, 'bach o ... chi'n-gwbod-beth. Wy'n brysio 'nghamre bant.

Mae'n noson wyllt o wallgo heno a sdim byd fel ddyle fe fod. Pob dim â'i ben i waered, ar led, a dros y siop. Y tai'n rhythu'n ddi-weld ar bawb sy'n mynd heibio, eu drysau'n gegau llac, lledagored, yn barod i brepian celwydde wrth y cymdogion.

Tynnu anadl ac wy'n mynnu dal i fynd, dal i gerdded y nos. Gwadnau'n taro'r pafin yn rhythmig, curiad traed yn cyrraedd y galon, pwmpo gwaed, a phistonau'r breichie a'r coese'n gwthio'r peiriant yn ei flaen. Mae'n rhaid i fi gerdded, dal i fynd. A chyda whwsh o dasgu mawr o nunlle neu o rywle, ma cadair olwyn yn sgrialu rownd y gornel i gwrdd â fi. Cerbyd y gwyll a haid o gŵn ar hast yn ei dynnu'n daer mla'n tu hwnt i'r lloer a thua'r wawr, fel 'se ddim fory. Cadair olwyn, gredech chi fyth! A menyw'n ishte ynddi'n drychyd gwmws fel rial ledi a'i choes mewn plastar yn gyrru'r criw, 'Mwsh-mwsh!' Nhwythe'n ymdrechu, tynnu'n galetach, tafode'n lolian a glafoer dros bob swch awchus. A lan â nhw tua'r nos a'i holl fusnes y fagddu cyn diflannu rhwng y sêr. Hwyl fawr, bafin! Hwyl fawr, hen dre drist! A dim ond fi sy ar ôl yn y nos fan hyn yn edrych tua'r ffurfafen, 'y mhen i'n troi a neb gyda fi i weud, a weloch chi 'na? Amau fy hen lygaid a ffaelu'u credu nhw, wir.

Sadio. Camu mla'n, cam-a-cham ... cam-a-cham ... Dal i fynd, palu mla'n, lan y bryn, pen lawr a rownd y gornel ac ma'r syrcas yn parhau achos wy'n dod i gwrdd, dalcen yn dalcen, â malwoden sy'n symud tŷ. Mae'n fwystfil anferthol, yn hwylio moroedd mawr y pafin maith yn orchestol a'i chartre'n gyfrwy ar ei chefen. Gwnewch le iddi, er mwyn dyn! Mae'n dod amdanoch chi. Rhedwch am eich bywyde ... Mae'n gwasgu'r tai pitw sy'n ei ffordd yn chwilfriw a gadael dinistr o'i hôl, bywyde'n rhacs a stecs llysnafedd dros y dre a hithe'n fflat fel pancosen. Wy'n edrych eto, ac fe ailgodwyd y cwbwl mewn amrant, un blinc, a'r cyfan yn ôl yn ei le'n dwt.

Ym mhellter y tywyllwch ma gwawr lliw ffantasi oleulas yn torri a chrwt yn ymrithio yng ngolau swreal ei ffôn. Ma'i ben ymhlyg, mae'n ymgomio'n drydanol fud â rhywun nad yw'n real, ei lygaid ar y teclyn, ddim ar yr hewl, dyw e ddim yn y byd hwn. Noson hud a lledrith yw hon. Glas y sgrin yn fflicran ac mewn un hansh barus mae'n llyncu'r crwt yn gyfan bob pripsyn, dim ond gadael treinyr unig ar ôl yn y gwter fel tystiolaeth iddo fod yno. Diflannodd y boi'n slic ar hyd meinwe mewnol llinyn bogel ei ffôn i ganol byd rhithiol sy heb ddiwedd. Ac wy ddim yn gallu clywed cnoc-cnoc-cnoc ar y gwydr o'r tu mewn yn gofyn i rywun ei adael e mas. Fe gwmpodd y ffôn lôn glatsh ar y tarmac, dyna i gyd sydd ar ôl ohono. Wy'n camu drosto.

Mae'n chwyldro ym myd y trychfilod a'r pryfetach bellach, y byd i gyd ar chwâl heno, pawb yn colli arnyn nhw eu hunain, heblaw am Mr Chwilen gymen, sydd wedi gadael am y gwaith unwaith yn rhagor gyda'i friffces sgleiniog du am ei gefen. 'Wela i chi wedyn, Mrs Chwilen.

Ta-ta, tan toc.' A bant ag e ar yr un amser yn union bob nos, fel watsh tic-toc. Mae'n gweithio yn y ffatri prosesu pryfed, mae'n un olwyn fach yn y mecanwaith mawr ond mae'n waith hanfodol, allai'r cyfan ddim gweithio hebddo ... hyd nes iddo gael ei sgwasho, ei wasgu'n fflat ar balmant gan wadn di-hid rhyw Ddoc Marten *random* a gadael Mrs Chwilen yn weddw sy'n llefen y gwlith dros ei llond tŷ o chwilod bychain di-dad, heb wbod yn iawn beth i'w neud â nhw, ai eu gwerthu nhw i'r Ishmaeliaid neu eu byta i gadw corff a chragen ynghyd. A toc, daw Mr Chwilen arall i gymryd ei le ar hyd yr un llwybr i'r gwaith bob nos, yr un ffunud cwmws â'r Mr Chwilen cynta â'r un sglein effeithlon ar ei friffces.

Mae'n bwrw glaw, y stryd yn dechre gollwng i bobman. Wy'n nesu sha thre, arafu'n anadl a pharatoi i estyn am allwedd i'r drws. Pitran-patran pytiog y dafnau dŵr yn magu hyder yn eu stŵr. Clywed sŵn arall y tu ôl i fi, sŵn rhuo ac wy'n s'nwyro bod bwystfilod ar 'y ngwar. Ma'r gwlithod wedi cyrraedd! Ma'n nhw'n marchogaeth y pafin fel arwyr yn eu mini-ffilm eu hunain. Yi-haaa! Gweryru, taflu eu pennau'n falch, stampio, strempio, codi ar eu traed ôl, tasgu stecs i bob cwr a chreu'r fath ddwndwr dros gerigos a manion bethe'r lôn nes bo'r ddaear yn crynu. Ma holl anifeiliaid a thrychfilod y greadigaeth ar eu ffordd i rywle heno. Sdim croeso i *bobol* ffor' hyn. Mewn â fi i'r tŷ. Wy'n pwyso ar ddrws y ffrynt yn dawel a suddo i'r llawr yn diferu.

*

Mae'n benwythnos ar bawb. Wy'n treial cael trefen ar bethe adre – y bwyd, y dillad, y plant – pob dim cyn mynd i'r ysbyty i geisio'i gocso fe 'nôl mas i'r byd a'i berswado fe i fyw yn ein plith am damed bach eto.

'Gad i ni fynd am dro. Licen i weld clyche'r gog,' meddet ti o nunlle.

Beth? Nawr?

'Ond ma Dad yn yr ysbyty.'

'Fydd e dal 'na wedyn. Dere.'

Pawb mewn i'r car felly, a fi'n dechre mesur yr amser 'sbod ni 'nôl er mwyn mynd draw i'w weld e. Gwbod ei fod e'n gorwedd mewn stafell ar ei ben ei hunan heb ddim ond peirianne'n gwmni iddo. Ac wy'n stretsho'r lastig meddwl sy rhyngddo fe a fi, i dreial cadw'r cysylltiad tra'n bod ni'n trampo ar draws gwlad.

O't ti ishe mynd i weld y fan ble'r oeddet ti'n arfer byw, meddet ti, i hel atgofion persawrus am yr amser pan nad oedd yr un ohonon ni'n bod yn dy fywyd di. Pan mai dim ond *ti* oedd i ga'l. Yr amser cyn teulu ni, pan oeddet ti'n ifanc ac ym mlode dy ddyddie, pan oeddet ti'n brydferth a'r byd yn eiddo i ti, dy fywyd am bara am byth am y byddet ti'n ifanc am byth.

Ac fe sgubon ni drwy'r goedwig yn y car. Y goedwig honno ble'r oeddet ti'n crwydro ar dy ben dy hun yn meddwl am ddim heblaw amdanat ti dy hunan achos dim ond ti oedd yn bwysig bryd hynny. Dyna pryd roeddet ti'n hapus, meddet ti.

A phan ddeuai Mai, dele'r llanw glas i lifo lawr pob llethr yno, ton ar ôl ton o flodau gleision a'r tir yn llenwi â môr o glychau, a'r rheiny'n boddi'r cwm, ac yn canu'n dyner yn y gwynt, tase dyn yn aros i wrando. Ond do'n i ddim am aros, a do'n i ddim yn clywed dim heblaw am bip-bip rhyw beirianne'n mesur hyd bywyd rhywun a finne'n gweld y golau gwyrdd yn fflachio ar sgrin mewn stafell wen, lân, nad oedd mewn coedwig.

Wy'n casáu clychau'r gog, ma'n nhw'n mygu gyda'u sawr, yn ddrewllyd, yn neud fi fod ishe hwdu.

*

'Lle ti 'di bod?'

'Sori ... o'dd rhaid i fi neud ... pethe.'

'Fi'n falch bo' ti 'ma nawr.'

A fi ... a fi ... Gwasgu 'i law.

Ma'r lleill yma o mla'n i. Wy'n setlo ac ma clychau'r gog yn cilio.

Mae'n dawel yma yn y stafell lân-lonydd. Y cyrten yn cau'r byd mas ac mae'n gyfnos parhaol dros bob dim. Pawb yn siarad mewn sibrydion a hanner brawddegau. Erchwyn y gwely'n llawn naill ochor a'r llall o deulu sy'n ishte, sy'n becso, sy'n aros, edrych a gwylio – ni yn ei wylio fe.

Ni'n cymharu te blas dŵr golchi llestri â'r coffi a wnaed o grafion ewinedd traed y meirw – p'un sy waetha, gwedwch? Allwn ni ddim cytuno.

Bob nawr ac yn y man, ni'n dala llygaid ein gilydd ac un yn gwenu 'nôl yn holliach ar un o'r lleill. Treial siarad drwy edrychiadau mud, treial darllen meddylie'n gilydd, fel tase ganddon ni bwerau sbeshal. Methu. Hanner gwên letchwith. Anniddigo. Ma'r ishte'n llonydd 'ma'n boring. Ambell un yn codi, symud i rywle arall, gadael y stafell, mynd i siarad â nyrs – jyst er mwyn newidiaeth.

Ma fe'n dechre siarad, ei lygaid ynghau. Anadlu'n waith caled ac ma'r mwgwd yn neud hi'n anodd ei glywed e. Ma fe'n swnio fel tase fe mewn ogof.

'Ti'n cofio ... flynydde'n ôl?'

'Odw,' medde fi gan feddwl y bydden i siŵr o fod y cofio, beth bynnag oedd e.

'Ti'n cofio ...?'

Ma anadlu'n beth beichus iddo, a fel tase cofio'n beth beichus hefyd, er 'mod i'n gwbod nad yw e. Wy'n gallu'n cofio ni blant yn begian ar y ddau ohonyn nhw, 'Gwedwch stori, am yr *hen* amser.' A'r stori honno, oedd ond ychydig flynyddoedd oed, yn hen am ei bod hi'n dod o amser cyn ein hamser cofio ni, a'r stori fach-fach honno heb gael amser i'w digoni, heb ei chrasu yn ffwrn y chwedloniaeth deuluol eto. Wy'n gallu cofio hynny, fel tase fe'n ddoe.

'Ti'n cofio pan ethon ni am drip i ...?' A doedd dim ots ble ethon ni, dim ond cin bod ni wedi mynd, a'n bod ni yno, bob un, gyda'n gilydd, a dod 'nôl wedyn, gyda'n gilydd. A gwbod, ble bynnag yr oedd e, nethon ni chwerthin, nethon ni fyta, nethon ni rannu straeon a nethon ni blethu'n agosach i'n gilydd. Gwbod hefyd i ni dynnu llunie, er mwyn gallu cofio, ond does dim o'u hangen nhw mewn gwirionedd. Ma'r cof wedi cadw llunie'n saff yn rhywle i'w tynnu nhw mas bob nawr ac yn y man a'u hanwylo a'r llunie wedi melynu ar hyd yr ymylon rhyw fymryn.

'Ti'n cofio ...?'

Ydw, wy'n cofio pob dim, pidwch becso.

Wy ddim ishe dweud dim, sdim byd 'da fi i weud achos siarad wast sy'n dod mas o 'ngheg i. Dala 'i law e a theimlo'r esgyrn yn symud dan y croen. Rhoi mwythad bach bob nawr ac yn y man, jyst i ddangos 'mod i 'ma ac mai yma wy ishe bod. Gweld y gwythienne wedi troi'n ddu, bron â bod, fel 'se'r gwaed wedi diffygio ac yn ffaelu cynnal ei goch bywiol arferol, fel 'se'r cyfan yn dechre llonyddu yn y rhydwelïau.

'Ti'n gwbod beth ddigwyddodd ddoe? Y trawiad ... o'dd e'n teimlo'n dda, ti'n gwbod ... Fe dda'th ton o atgofion hyfryd i olchi drosta i.

'O'n i'n grwt eto, yn reido beic lawr rhiw a gwisgo'r sbectol cardbord OXO 'na o'dd 'da fi, meddwl 'mod i'n hîro ... withodd y brêcs ddim ... ffaeles i stopo ... o'n i'n sgrechen ar Mam nerth esgyrn 'y mhen i ddod i safio fi ... ac o rywle, fe dda'th hi, i'n achub i ... neidio mas o'r gwli a dala fi a'r beic yn ei breichie hi ...

'Mynd i aros ar wylie at Anti Sarah'n y wlad ... Mam yn rhoi ordors i fi fihafio a bod yn grwt da ... roiodd hi restr o bethe ddylen i eu neud pan fydde Anti Sarah'n gweud ... Ges i wylie braf yn y wlad ... Pan dda'th 'y mam a 'nhad i'n hôl i, fe ofynnodd Mam i Sarah, "A fihafiodd e?" "Do," medde Sarah. "Ond y noson gynta, ddigwyddodd rhwbeth rhyfedd, fe ballodd e'n deg â matryd a gwisgo'i byjamas." O'dd Mam ddim wedi cynnwys *hwnna* ar y rhestr o ordors i fi, o'dd hi? O'n i ddim yn mynd i dynnu 'nillad os nad o'dd Mam wedi gweud ...'

Ma fe'n diffygio 'da'r gweud storis, ei anadl e'n brin. Ma fe'n gorwedd am damed, yn mwstro'i nerth.

'Drycha, os yw e'n digwydd eto ... pidwch ... sa i moyn i neb neud dim. Ody hwnna'n olréit?'

'Iawn.' Beth arall weden i heblaw hynny? A theimlo 'mod i wedi neud rhywbeth o bwys drwy bido dadle, am unwaith. Dim bod angen gofyn caniatâd arno fe. A mwya sydyn ma fforch yn y llwybr o'n blaene ni, a dy'n ni ddim yn cerdded yn y fan ble'r o'n ni'n meddwl ein bod ni. A tase drws yn digwydd cau o'n blaene ni, do'n ni ddim i fod i'w agor e eto, dim ots faint fydden ni ishc'i agor e. Roedd ar fin mynd yn dywyll arnon ni.

'Wy wedi gweud wrth y lleill ... sa i ishe dod 'nôl.' Ma fe'n sibrwd yn gynllwyngar. 'Ody hwnna'n olréit 'da ti?'

Ydy hwnna'n olréit? Shwd wy fod i ymateb?

'Ody, ma fe'n olréit.'

'Siŵr?'

'Berffeth.'

'Gwd.'

A'r unig beth allen i feddwl oedd pam yn y byd fydden i'n gweud 'na'? Pam weden i 'na' wrth y dyn addfwyn, caredig hwn am unrhyw beth? Pam fydden i ishe'i frifo fe? Nawr o bob amser. Nag o'n i wedi neud hynny ddigon ar hyd y blincin blynydde? Gyda rhyw hen shenanigans strancus tyfu lan?

Gwrando ar rythmau ei anadlu, rhythmau bywyd yn ratlo rownd 'i gorff e. Nid ar whare bach ma fe'n dal i fyw. Yr anadl yn tawelu, ma fe'n ymlacio mewn i hepian cwsg.

Wy'n codi o'n sedd i fynd at y gweddill i siarad tra'i fod e'n cysgu. Sibrwd. Ydy pawb wedi deall yn iawn? Ydy e'n paratoi i farw? Ma'r geirie'n llithro o'n gwefuse ni mor ysgafn, mor ffwrdd-â-hi.

Daw nyrs i edrych ar ei siartie fe a chadw llygad ar bethe. Ma ganddi dipyn o dŷ bach twt rhywle mas yn y wlad, medde hi. Ma hi'n tyfu moron mewn bàth ac yn mynd adre heno i ddyfrhau ei bresych. Does dim nonsens yn perthyn i hon, ma hi'n garedig.

'Shwd ma fe'n neud?' medde fi, i gael rhywbeth i weud, 'lle bo'r tawelwch yn mynd yn ormod o beth rhyngddon ni.

'Wel. Ma fe'n neud yn dda. Sdim rheswm na all e ddechre byta bwyd go iawn cyn bo hir. Geiff e besgi tamed bach, cryfhau, a mynd adre. Fe ddaw, fe ddaw ...' Diwedd ei phwt. Mae'n troi i adael, rhoi'r siart 'nôl yn ei lle, cerdded camau cwmws at rywun arall sydd angen ei sylw hi ben arall y stafell hon sy'n llawn gofal.

'Dad ... Dad!' Wy'n sibrwd yn ei glust e. Mae'n deffro.

'Ma hi'n meddwl gewch chi adel y lle 'ma.'

Distawrwydd.

'Ma hi'n meddwl bo' chi'n ca'l dod gytre mewn sbel.'

Tawelwch.

'Byddwch chi'n olréit.'

Y llygaid yn agor. Mae'n ochneidio'n hir.

'Sa i'n credu 'ny. Ddim nawr.'

Mae'n cau ei lygaid, fel 'se fe'n gwbod pethe. Nid 'mod i'n gwbod, nac yn deall.

Wy'n mynnu cadw'r sgwrs i fynd. ''Na beth wedodd y nyrs. A hi ddyle wbod.'

Ond sdim mwy ganddo i'w weud ar y mater. Mae'n gorwedd yno, yn fregus fel plisgyn wy, yn brydferth hefyd.

*

Yn y cantîn, ry'n ni'n esgus bo' ni'n dal i fod yn blantos bach. Ni'n bihafio'n blentynnaidd dros KitKat – tri phlentyn, pedwar bys siocled. Ma hwnna'n gofyn am drwbwl. Ma bod yn sili yn gymaint o ryddhad. 'Co! Ni yw'r plant o hyd. Ma popeth yn gwmws fel o'n nhw. A ni'n whare ambythdi a neud jôcs rybish am y bobol eraill yno, sy jyst mas o glyw, achos smo ni'n sofft, smo ni moyn ca'l *telling off.*

Typical ohonoch chi blant!

Tri awff, myn yffarn i!

Y calla i dewi!

Pwy yw Dewi?

Ma'r chwerthin yn pallu ar ôl tipyn ac ma mudandod yn taenu 'i hunan fel lliain dros y bwrdd. Fentrwn ni ddim meddwl mwy nag am y nawr sy'n digwydd lan llofft, mynd i gwrdd â gofid yw hwnna, a fel roedd Mam yn gweud bob tro: 'Paid â becso, ma popeth yn gwitho mas yn y diwedd. Ma fe'n neud bob tro ... ma fe ... jyst ... yn ...'

Bydd e ... jyst ... yn ...

*

Ma'r tri ohonon ni'n cerdded 'nôl am yr Uned Gofal Dwys, yn gwmws fel tasen ni'n gymeriade mewn ffilm, un llawn antur a phwrpas, wrth gwrs, un gynhyrfus ble ma'r gwdis yn hemo'r badis a miwsig jeifllyd, ffynci'n whare ar y foliwm ucha i bawb ei fwynhau. Heb edrych, wy'n gwbod bod y tri ohonon ni'n clywed yr un gerddoriaeth yn ein penne ar gwmws yr un pryd ac mae'n camau ni'n cyd-daro ar y leino. 'Co ni'n dod. Ni'n briliant! Ieeesssss! Shgwlwch arnon ni... Siwpyrhirooosss, myn yffarn i ...

Ma'r drws yn agor â siffrwd slic heb i ni gyffwrdd â dim. 'Mêsin! Ni'n camu drwyddo a ni'n blant unwaith 'to.

Ishte lawr yn ufudd wrth y gwely ac edrych lan ar y dyn sy'n grwt yr un pryd. Mae'i lygaid e'n fflicran, yn symud. Mae'n breuddwydio. Alla i weld yr angen sydd ynddo â phob anadl, yr angen i ddechre 'to, plis; i roi un shot arall ar bob dim a'r tro 'ma i beidio â gadael i'r un foment, yr *un foment* – hyd yn oed y rhai gwan – fynd heibio heb iddo'u sawru nhw, eu blasu nhw, eu mwynhau nhw ac yna'u catalogio nhw yn ei stydi gudd rywle ym mhellafoedd ei ymennydd – y man ble nad oes neb arall yn cael mynediad, ble na fydde unrhyw un arall yn metro mynd.

'Fe alla i deithio'r byd o 'nghader freichie. Wy wedi bod i bedwar ban byd heb symud o'n sedd, chi'n gwbod. Dim ond codi llyfr neu fap, ac wy 'na,' medde fe sawl tro.

A 'co fe off 'to nawr, yn bell-bell-bant ar antur, tra'i fod e'n dal i orwedd yn y gwely ffansi technolegol 'ma mewn ysbyty brysur llawn gofalon. Ma fe'n breuddwydio am redeg off i'r môr i gwrdd â Nelson neu'n cerdded ar y cei yn y Barri er mwyn dala llong bananas Geest i'r Caribî, chwibanu a'i ddwylo'n ei bocedi, yn blentyn *stowaway* heb i neb ei weld e. Ac ry'n ni'n ishte ar y seddi plastig fan hyn, ni'n tri, yn ei wylio'n mynd ar ei drafels rownd y byd.

*

Adre, ma popeth yn edrych mor normal. Y plant yn neud beth bynnag ma plant yn 'i neud dyddie 'ma. Ac yn sydyn, wy'n teimlo'n hen, ma fel tase cymaint o flynydde wedi bod ers i fi fod yn blentyn nes alla i ddim cofio shwd o'n i'n mesur yr orie dibendraw, beth o'n i'n neud â'n amser pan o'n i'n iau. Falle na fues i'n blentyn o gwbwl – wy wedi anghofio.

Paned a sgwrs dawel yn y gegin. Shwd ma fe, ti'n gofyn. Iawn, medde fi. Ddim yn gwbod shwd ma tafoli'i gyflwr e mewn geirie fydde'n neud sens i rywun arall. Os nad ydw i'n gweud unrhyw beth, yna does dim o'i le, oes e? Dyw e ddim yn fwy tost, medde fi, ma fe jyst yn yr ysbyty. Sa i moyn neud ffys, sdim byd i neud ffys ambythdi fe.

Licet ti baned arall?

*

Mae'n nosi, wy'n gadael y tŷ a cherdded lawr at yr afon ble ma'r awyr yn oerach ac mae'n lleddfu f'ymennydd sy'n chwyddedig gan feddylie clymog. Wy'n mynd 'da'r llif ac anelu i gyfeiriad y môr. Sdim byd pert am yr afon fan hyn, ma'r lleinie lleidiog o boptu iddi'n sgleinio'n ddiog ar y glannau. Ond mae'n llifo'n glou, yn dywyll fel triog, wy'n gallu synhwyro'r dŵr yn symud ynddi, yn mwytho'r cerrig yn llyfn a goglish y pysgod cysglyd yn eu gwlâu brwyn. Croesi heibio'r bont a dilyn ymyl y cei. Heibio'r Jolly Tar, ysbryd o dafarn i'r holl longwyr a môr-ladron coll a foddwyd. Codi 'nghap ar y morwyr.

Edrych lan ar yr hollt ble ma'r dre yn dod i stop yn ddisymwth, ble ma'r holl strydoedd arferai nadreddu lawr tua'r cei wedi'u torri i'r byw ac yn gorffen yn stympiau diffrwyth uwchben y lôn ddienaid a adeiladwyd i hwyluso teithio cyfleus ar gyfer pobol bwysig flynydde 'nôl. Ma rhwyg rhwng y dre a'r dŵr ers tro a llwydni caregog cadarn y gaer *faux-château* uwchben yn sefyll fel 'se fe'n swyddog carchar yn janglo'i allweddi'n ddiflas. Smo menywod y nos yn fflitan lawr sha disgleirdeb y dŵr am amser da mwyach. Sdim dynion dodji'n barod i ddwyn trysorau o boced ag un fflic slic o'u dwylo a diflannu'n gwic fel tric consuriwr. Sdim meddwyns yn pwyso yn erbyn drysau niwlog yn treial sadio. Sdim plantos yn whare'n ddiofal yn hwyr i'r nos heb neb i'w galw nhw mewn. Dim byd ond grwnian cyson y traffig, mwg egsôsts a thrilliw hysh-a-bei-bêbi'r goleuade traffig yn suo'r dre i gysgu.

Wy'n dal i gerdded. Tuag at y bont newydd ble ma rhubanau glas wedi'u clymu am y rheilins i gofio'r bachgen a gipiwyd gan y dŵr dro yn ôl, a lyncwyd gan yr afon ac na welwyd byth wedyn. Ei gario mas i'r môr, siŵr o fod. Crwtyn pengoch â llygaid gleision byw a gwên gynnes, fydd yn aros yn grwtyn am byth.

Heibio'r cwrwgle wedi'u cadw'n net gan ddynion hen deuluoedd pysgota'r dre, pendefigion yr afon, rabsgaliwns brenhinol sy'n parhau â'r llif amser yn ddi-feth a chodi hen gwrwg fel cragen i'w cefne. Cwtsho yn eu cewyll ma'r cwrwglau heno, yn sgleiniog fel chwilod bach taclus yng ngolau'r nos yn aros i'r saith seren ymddangos fel mwclis ar draws y ffurfafen achos dyna pryd mae'n ddigon tywyll i bysgota, pan fydd y lleuad wedi troi ei chefen am foment. Wedyn, ar ôl i bawb fynd, fe agorith y cwrwgle eu llygaid, sbecian yn ddall mewn i'r mwrllwch a sychedu am wlybaniaeth a'r cyfle i godi'r nos i'w rhwydi. Ac yn yr amser hudol hwnnw ma'r cwrwglwr yn frenin, yn berchen ar natur ac yn ei dala yng nghledr ei law.

Heibio'r cerfluniau samwn sy'n glasu ar y lan, mla'n â fi, draw tu hwnt i'r parc ble daw'r beicwyr i felodromio'n felodramatig, eu mwstashys handl-bar anhygoel yn

sheino. Lan y rhiw, dal i fynd, paso cofgolofnau i bobol sy
wedi'u hen anghofio, i ddigwyddiade newidiodd gwrs y
byd ond na fedra i cweit eu dwyn i gof ... na ... chofia i
ddim nawr ...

Troi a chamu hyd strydoedd tawel; does neb ar hyd
lle, ac eto, wy'n teimlo bod pob cam wy'n ei gymryd yn
gam a gymerodd rhywun arall yn y dre fach ddi-rân hon
o'r blaen. Ma rhywun wedi bod yma o'n blaene ni ac fe
ddaw rhai o'n hôl.

Goleuade'r stryd yn rhoi gwedd afreal ar bob dim.
Tai'n cwtsho lawr am y nos, gorwedd yn erbyn ei gilydd
blith draphlith tan y bore, wedi ymlâdd. Yr hen dai
gweithwyr â'u gwaith yn eu parlyrau – y cryddion,
crochenwyr, argraffwyr, gwehyddion – holl brysurdeb y
dydd wedi arafu a delwi. Mae'n llonydd-llonydd tu fas a'r
bobol yn clwydo'n eu tai neu'n gwylio'r teledu â'u gwegil
tua'r stryd, yn meddwl am realiti arall sy'n bell o'r hen
dre-farchnad fach hon. Smo nhw'n gweld y lorïau'n tasgu
drwyddi felly, y rheiny sy'n dod â breuddwydion i'n bro
yn eu tanceri arian swish. Ac oni bai'ch bod chi'n gweld
drosoch eich hunan, gredech chi fyth. Ma shwd dwrw,
shwd daran, shwd sŵn iddyn nhw, ond sneb yn clywed,
diolch byth. Neu sneb yn gwrando. A fel'ny daw diwrnod
arall i ganol dre, *special delivery* – dechre 'to a rhoi shot
arall arni. Ond am nawr, cysgwch, y jiawled! Bydd hi'n
amser codi cyn bo hir!

*

'Nôl wrth erchwyn y gwely heno. Daeth y nos i lyncu'r
dydd yn llwyr ac ma pob man yn llonydd. Ma fe'n

gorwedd yn dawel. Ma'r tri ohonon ni yno dim ond i wylio'r nos. Gwylio 'i nos e. Sibrwd yn tyfu'n gadwyn dyner rhyngddon ni. Sgwn i ...? Beth os ...? Ydy hi'n bryd i ni ddechre becso ...? Edrych ar ein gilydd heb wbod yr ateb i ddim un o'r cwestiyne.

Ma fe'n dawel-dawel, fel delw. Ma fe'n drychyd fel drychiolaeth, rhywbeth mas o ffilm *sci-fi*, sy'n cael ei gadw'n fyw gan beiriant, mwgwd dros ei wyneb, gwifrau yn ei gynnal. Y tri ohonon ni'n edrych arno eto ac eto; craffu, whilo am arwyddion, jyst rhywbeth fydd yn dangos y daw tro ar ei fyd, y bydd amser yn mesur pob newid, eto fyth. Ac ma'r te-coffi, coffi-te'n dal i fod â blas difaru a phethe na ddywedwyd arno.

A thu fas, wel, am sêr heno! Ac amser yn brin, rhy brin i'w cyfri nhw bob un. Yr am-sêr yn dal i symud ... amser yn mynd heibio ... amser yn rhedeg mas. Yr amser, ble ma fe'n mynd? Ma fe'n slipo i boced gefen rhywun, siŵr o fod. Ond heno, mae'n slipo rhwng ein bysedd ni, allwn ni ddim â'i ddala'n sownd, er bo' ni'n treial.

Ma fe'n dal i anadlu. Mae'n cysgu. Mae'n gorffwys. Hen beth blinedig yw'r busnes byw 'ma, yndife?

Daw nyrs draw i gael sgwrs. Mae hi'n symud heb neud sŵn, fel tase hi'n hofran drwy'r ward, neu'n hedfan.

'Mae e'n neud yn dda, chi'n gwbod.' Ninne'n gwenu arni yna'n edrych ar ein gilydd, achos dy'n ni ddim yn gwbod. Feiddiwn ni ei chredu hi?

'Pam nad ewch chi gytre? Cysgwch nawr. Dewch 'to bore fory.'

Bant â ni i'n cartrefi. Ble ma pawb yn brysur yn byw.

*

Rhywle yng nghanol y nos fe ddeffrodd y ffôn a 'neffro inne 'run pryd. Yr oriau mân, yn blet yn y dillad gwely.

'Dere *nawr*. Yr ysbyty wedi galw. Ma fe'n gofyn amdanon ni.'

Ac wy ar 'y nhraed cyn 'mod i wedi codi bron. Yn 'y nillad ac am y drws.

Sibrwd draw i'r erchwyn arall cyn gadael, 'Ysbyty. Wela i di wedyn.'

Gadael y tŷ a gyrru yn fy nghar ffug ar hyd hewlydd ffantasi a rhywsut cyrraedd ysbyty swreal y dre afreal hon. Dala'n anadl yr holl ffordd yno, rhag ofan. Parco a cherdded draw, mynd drwy ddrws cuddiedig nad yw e ond yn amlwg i rai pobol, y rhai sydd angen gwbod bod mwy nag un ffordd mewn i ysbyty. Camu ar hyd y coridor llyfn yn rhwydd, wedi dod i nabod y system erbyn nawr, gwbod yn gwmws ble i fynd, heb feddwl.

Y tri ohonon ni'n digwydd cwrdd cyn mynd mewn, a thrwy'r drws â ni fel un.

Eistedd. Aros.

Dala anadl un yn ofalus yn nwylo'r llall – ni'n tri. Pam bo' ni 'ma nawr? Pam gafon ni'n galw? Oes rhywbeth wedi digwydd yn sydyn? Na, medd y nyrs, dim ond 'i fod e wedi gofyn amdanoch chi, ishe i chi fod yma.

Ni 'ma nawr a smo ni'n mynd i unman, ddim nawr.

Mae'n oriau tawel ar y byd a ni'n setlo ar seddi plastig. Ma fe'n cysgu, fan hyn ond eto ddim fan hyn. Ddigwyddiff dim nawr, sbo. Ni'n barod i aros am y tro.

Mae'n sgwrs ni'n fratiog, yn clytio'n gysglyd i'w gilydd gyda sgrapyn neu ddau o frawddeg man hyn a man 'co, dim byd mawr, jyst digon i'n cadw ni i fynd. Eistedd yn agos a pheidio mynd yn rhy bell oddi wrtho, fe alwodd e ni 'ma wedi'r cwbwl. Ni'n cydio'n ei law weithie, mwytho'i dalcen yn achlysurol er mwyn dala'r cyswllt, er mwyn dangos bo' ni 'ma. Gwrando ar ei anadl llafurus, gweld ei frest yn gweithio'n galed fel megin a dymuno esmwythâd yn ein gweddïau bach ni bob un. Ry'n ni am aros tan i'r bore ddod, yna cawn drafod.

Ond ... ma rhywbeth yn digwydd, rhyw 'mystwyrian, anniddigo. Ma fe'n cyffro, edrych fel tase fe'n paratoi i neud rhywbeth. Eisiau codi, eisiau mynd. I ble chi'n mynd? Ble'r ewch chi?

'Nyrs! Ma fe'n dechre symud! Ma fe'n codi o'r gwely! Allwch chi neud rhwbeth?'

Ac fe ddethon nhw draw'n ddi-sŵn, yn barod eu cymwynas, dod â'r doctor gyda nhw y tro 'ma.

Ry'n ni mas o'n dyfnder. Does dim syniad 'da'r un ohonon ni beth sy'n mynd mla'n.

'Fedrwch chi roi rhwbeth iddo fe i gysgu? Plis?'

'Y peth yw,' medd y doctor caredig, 'ma fe'n rhy iach. Mae ei stats e'n dda. Tasen ni'n rhoi mwy iddo nawr, fe ladden ni fe.' A ninne'n gwbod yn iawn beth yw ei ddymuniad e, ond gwbod bod llwybr i'w gerdded o hyd a chamau ar ôl i'w cymryd, un wrth un.

Ni'n edrych ar y sgrin uwch ei ben, curiadau calon cryf, rhythmau cyson. Cyfyng-gyngor.

Ni'n aros gydag e, ddim yn gwbod beth i'w neud, jyst bod yno.

Yn sydyn, o mor slei o sydyn, ma 'na egni newydd yn y stafell, rhywbeth bywiol, gwyrthiol, rhywbeth disglair, sydd y tu hwnt i unrhyw ddweud ac mae'n llifo mas ohono fe, yn pefrio, yn tasgu i bob man, yn golchi droston ni. Mae'n ein denu ni, yn ein tynnu'n agosach ato fe.

Ma'r nyrsys yn gwbod beth sy'n digwydd. Ma'n *nhw'n* gwbod. Mae'n amser. Ma'n nhw'n cau'r llenni, yn gadael i ni jyst fod yno, gydag e. Ma'n nhw'n wyliadwrus, yn barchus o bell. Fe welson nhw hyn yn digwydd sawl tro.

'Ni 'ma, ni 'ma ...' Ni'n cwtsho mewn, tynnu'n nes ato fe, at ein gilydd.

Ma'i fel tase fe'n casglu pob diferyn o'i fywyd ato a'i lyncu eto am y tro ola. Ei gorff yn hyrddio, pob giewyn yn tynnu, nerfau'n gwreichioni, ma fe'n tasgu, ma fe ar dân. Ma fe'n benderfynol mai nawr yw'r amser. Fuodd e erioed mor fyw â hyn!

A does dim allwn ni neud, jyst bod yno. Dala 'i ddwylo fe, mwytho 'i dalcen e – eto. Ei garu fe, mor llwyr.

''Na grwt da ... gwd boi ... 'na grwt da ... dere di ... dere di ...' Geirie i'w gysuro, geirie y bydde fe wedi'u dweud droeon wrthon ni'n blant.

'Bydd popeth yn iawn ... pob dim yn iawn ...'

'Amser mynd nawr. 'Na grwt da. Dere di.'

A gwylio'r rhifau ar y sgrin yn plymio, yn gneud *somersaults* dros ei gilydd, yn dwmbwr-dambar-lawr-y-stâr ... 169 ... 128 ... 63 ... 28 ... 11 ... 0. Ddaw dim ar ôl dim.

Teimlo'r rhyferthwy'n rhuo mas ohono. Ninne'n treial ei helpu fe, ei hebrwng mas o fan yma, o'r heddi hwn. Dyna i gyd allen ni'n tri fod wedi'i neud. Ewch, da chi.

A'r eiliad nesa ... dyna'n gwmws beth nath e.

A ... dyw ... e ... ddim ... yma ... mwy.

Ciledrych ar ein gilydd i weld a welon ni'r un peth. Do.

Teimlo mai gadael ei gorff o'i wirfodd nath e, mai fe ddewisodd y mynd pan nath e.

A nawr, ma ... pob ... *dim* ... yn ... wahanol. Trothwy newydd i'w groesi. Llwybr arall i'w dramwy.

Mwytho'i ben, a dal i gusanu ei law am yn hir-hir-hir. Ddim ishe gadael y stafell am ei fod *e* wedi gadael gynta. Ac yn gyflym iawn, yn anweddus o gyflym, ma'r gwres yn diflannu o'i gorff am fod ei egni wedi diffodd. Dyw e ddim yno. Edrych arno am oes, a meddwl bod ei wyneb e'n edrych yn wahanol, ei wyneb e ac eto, nid ei wyneb e. Does dim argoel o'r dyn, o'r tad, ynddo. Ac eto, fe yw e.

Ma'r amser hwn fel tae'n para byth. Yr aros 'da'n gilydd, y pallu symud hyd nes bod yn rhaid. Ei ddala fe'n dynn rhyngddon ni, y'n ni am ei gadw fe yma am byth. Achos os arhoswn ni fel hyn, dyw byw a marw ddim yn bod rhyngddon ni. Ry'n ni'r ddau beth hwn, yn naill beth a'r llall – y teulu Schrödinger, myn yffach ... Y'ch chi'n nabod y Marw-Byws? Ydyn nhw'n perthyn i'r Byw-Marws? Perthyn o bell, falle. Ac os rhown ni'n breichie am ein gilydd yn gylch, ddaw dim i newid pethe, ac fe gadwn ni'r byd ar y tu fas.

Codi'n llygaid i edrych ar ein gilydd fel tasen ni'n ddieithried. Dy'n ni ddim, ond falle'n bod ni'n bobol newydd am i ni gael ein torri'n rhydd o'n rhaffau, ein gadael i fynd yn y byd mwya sydyn. Ond sut ydyn ni fod i wbod beth i'w neud? Achos pwy fydd yn gweud wrthon ni beth i'w neud o hyn ymlaen a phryd i'w neud e? Ni yw'r oedolion nawr a smo ni'n blant i neb mwyach. Sneb 'da plantos bach tŷ ni.

Ni'n llacio'n gafael yn anfodlon, camu 'nôl ac anadlu, ac fe dorrwyd y lledrith.

Siom.

Daeth amser newydd.

Agor y llen achos bo' ni'n barod i wynebu'r byd a daw un nyrs 'nôl mewn yn ddi-sŵn, fel 'se hi'n cerdded ar gwmwl o anadl ola'r meirwon; mae'n llawn cydymdeimlad cynnil nad yw'n teimlo fel emosiwn ffug. Cydio'n ein dwylo bob un a dim ond gwasgu'n ysgafn; mae'n rhywbeth syml, heb shew, sy'n neud i ni deimlo'n llai amddifad am funud fach. Daeth â phot blodyn gyda hi, ei osod ar y silff, dim ond i nodi'n dyner bod pethe'n wahanol, nawr. Blodyn pert, sydd jyst yn dal i dyfu'n dawel.

Ry'n ni'n sefyll o gwmpas yn ansicr. Beth ddylen ni neud nesa? Dy'n ni ddim am adael. Ond mae'n amser.

Ni'n dweud hwyl am y tro ola. Rhoi un gusan fach ar ei dalcen. Tair cusan, tri phlentyn.

'Na grwt da.

MARW

Ma'r diwrnod wedi'i ddarnio a'i roi 'nôl at ei gilydd yn anghywir.

*

Wy jyst yn bodoli heddi mewn darnau bach rhacs o feddyliau.

*

Tu fas. Drychwch! Mae'n fore. Ma'r byd yn dal i fynd. Sa i'n deall shwd.

Sdim lot o neb ar hyd lle ar yr awr fechan hon. A sneb yn gwbod beth sy newydd ddigwydd mewn stafell fechan las, lân, rhywle ym mherfedd yr hen ysbyty 'na. Am ychydig, dim ond ni sy'n gwbod – dim ond ni'n tri. Ac wy'n teimlo nad wy am weud wrth neb – ddim byth – achos wedyn fydd e ddim yn wir, na fydd, ac mi fydd e'n dal i fod ar dir y byw. Yma.

Ffarwelio â'n gilydd a threfnu cwrdd nes mla'n.

*

Ffonio adre i weud, buodd e ... farw ... A chlywed y geirie mor chwerthinllyd o stiwpid, nes bo' fi bron ddim yn eu credu nhw. Buodd e farw, ond fe ddaw 'nôl yn fyw.

Fuodd e ar ei wylie yn Majorca ond ddaeth e 'nôl ar ôl pythefnos. Ond wnaiff pethe ddim gweithio fel 'na'r tro hwn. Ddim y tro 'ma.

'Wy'n sori,' meddet ti dros y ffôn, ac wy'n dy gredu di, achos fe fuodd e mor garedig wrthot ti. Fe groesawodd e ti i'n teulu ni fel taset ti wedi bod yn un ohonon ni erioed. Dim cwestiwn. Ti'n cael colled hefyd.

'Rho 'bach o amser i fi. Alli di drefnu'r plant? Ond fydda i 'nôl.'

Wy'n oedi cyn mynd adre achos ma'r amser hwn yn amser rhyfedd-rhyfedd – yr amser cyn 'mod i'n croesi trothwy'r tŷ gyda rhywbeth wedi'i gwato dan fy nghesel a chyn 'mod i'n taflu'r bom geirie fydd yn chwalu'r fersiwn hwn o'n bywyde ni i ganol pawb, am nawr, ma gen i gyfrinach i'w chadw ac o'i chadw hi, wy'n safio 'nheulu rhag briwo. Tra bo' fi'n cymryd y clatshys i gyd fy hunan ma pawb arall yn iawn. Gwell gen i hynny na gweud. Gwell gen i gadw'r gwir rhag iddo adael stamp ei wadn yn greulon ar 'y mhlant. Am nawr.

Mynd i guddio'n rhywle ble nad oes gwirionedd yn bod. Jyst am y tro, dim ond am ychydig. A thra 'mod i'n llyncu'r geirie lawr i 'mola, welith neb beth sydd wedi digwydd yn yr oriau manach na mân rhwng disgleirdeb y sêr a chrawc brain-ben-bore.

Ac wy'n hedfan drwy'r ffurfafen, wy'n hwylio drwy'r nen, wy'n nofio ar gymyle'n rhywle ac mae'n deimlad braf bod yn ysgafnach na'r awyr. Wy 'ma ac eto wy ddim 'ma. Wy ddim unman. Welwch chi fi'n mynd heibio?

*

Cyrraedd adre, sneb yma, pawb yn y cwrdd. Neb yn gwbod.

Wy'n neud paned ac yn mynd i'r ardd i'w hyfed hi. Mae'n fore llonydd ac ma'r haul mas yn busnesan. Af i i ishte ar y stepyn ac edrych ar y mân greaduriaid yn mindo'u busnes nhw, yn mynd ar hyd lle. Malwod a chwilod, morgrug, pryfed a gwenyn; pob siort o beth. A sdim un ohonyn nhw fel 'sen nhw'n becso am beth sy newydd ddigwydd achos o'n nhw ddim yn ei nabod e ta p'un 'ny a ma pethe eraill 'da nhw i ffysan ambythdi. Wy'n falch am hynny. Ond ma'n nhw'n boenus o brydferth y bore hwn ac wy'n ffoli ar eu harddwch nhw, ma'n nhw'n odidog. Weles i rioed shwd beth. Lliwie mor bert, patryme mor gain a hyfrydwch eu dawnsio ac wy'n canmol 'yn lwc eu bod nhw 'ma ar y bore hwn.

Codi. Cerdded ambythdi'r ardd, sylwi ar blu adar a gwmpodd o'r awyr, cawod o blu fel eira. Ac fe allen i dyngu iddyn nhw droi'n ieir bach yr haf a hedfan bant.

Aros i'r plant ddod gytre er mwyn gweud, er cymaint licen i beidio. Dyma nhw ...

Siarad yn dawel a phwyllog, un ar y tro. Mesur 'y ngeirie. Yr hyna'n gwenu achos mai dyna'i ymateb greddfol cynta ac wy'n gwbod y bydd yn amsugno'r golled yn dawel bach, achos dyna'i steil e. Bydd e'n torri darnau bach o gydymdeimlad a hiraeth yn ofalus fel pytie rhubane silc nes mla'n. Yr ienga'n tasgu'i dagre i bob cwr, yn llefen o bydew ei bola a stampo'i chalon yn siwrwd dan ei sodle ac wy'n synhwyro y bydd hi'n teimlo'r golled fel twll yn ei bywyd yr aiff hi 'nôl ato dro ar ôl tro i edrych arno, i gofio beth oedd yn arfer bod yno a beth sydd ddim yno nawr, achos bydd hynny'n bwysig iddi hi. Ma 'na gwtsho'n digwydd, ma 'na ishte a dala dwylo'n dynn, ma mwytho a theimlo curiad calon ym mhob un ohonom sy'n arwydd ein bod ni'n dal i fod yn fyw, o leia.

Penderfynu cael cinio dydd Sul, achos dyna'r pryd fydde'n llonni ei galon e'n wythnosol. Fe ddele fe draw bob Sul fel defod. Cyfarch pawb yn dawel ar ei ffordd mewn, yna ishte a mynd yn syth at fusnes, bwrw iddi i gladdu pryd a ddim stopo hyd nes ei fod wedi gorffen, mwynhau bob cegaid. Ac wedyn, pan fydden i'n mynd ag e gytre ar ôl bwyd, fe wede fe'n ddi-ffael, 'Diolch i ti, am bopeth. Am bob dim.' Doedd dim ishe diolch, oedd e? Doedd dim ishe gweud 'run gair. Fi ddyle ddiolch ... A fydden i'n ei adael e'n edrych yn fach-fach a bregus fel cyw bach wedi cwmpo o'i nyth, yn sefyll yn ei gegin fawr mewn hen dŷ gwag yn codi llaw arna i. A phan fydden i'n cau'r drws, fydden i'n dymuno'n fwy na dim y bydde fe'n cerdded draw i'r stafell fyw ac y bydde hi yno'n aros amdano fe gyda 'Ble ti 'di bod?' go siarp. 'Ar 'yn ffordd, ar 'yn ffordd ...' Wedyn, bydde fe'n setlo lawr i ishte wrth ei hochor hi a gwylio'r teledu'n jacôs reit.

Y cinio cynta hebddo ac allwn ni bron ddim â gweud ein pader. Ond ni yn ei weud e, a ni'n byta, achos fel hyn bydd hi nawr.

*

Gyda'r prynhawn, wy'n meddwl bod ishe dechre newid y sefyllfa i fod yn un swyddogol a rhoi gwbod i bobol. Ffonio'r gweinidog ac yn sydyn ma pethe'n dechre symud. Ni'n siarad â'r ymgymerwr ac ma fe'n gwbod yn

gwmws beth sydd ishe 'i neud. Ni'n offisial, bydd pawb
yn gwbod cyn bo hir ac ma pethe'n digwydd.

*

Tua amser te, ma'r tri ohonon ni'n cwrdd, a'n teuluoedd
hefyd, yn bennaf i ddangos bod pob dim yn olréit, a bod
pawb yn dal i fod yn iawn, yn dal i fod yma. Bydd angen
cyfri penne gan wbod y byddwn ni un yn brin. A phan y'n
ni'n gweld ein gilydd, ma fel tase pob dim fel ag yr oedd e,
er ein bod ni'n gwbod nad yw e. Ac ma yfed te a thynnu
coes yn gysur. Fe allwn ni jocan nad yw e yn ein plith ni
achos ei fod e wedi mynd ar drip i rywle, neu wedi
penderfynu aros gytre. Ie, 'na beth ddigwyddodd, fe
benderfynodd e aros gytre.

Ma pawb yn mynd sha thre i gwtsho'u plantos yn
dynnach na'r arfer, er wnaiff hwnna ddim newid 'run
pripsyn o'n tynged ni na newid dim o unrhyw beth arall –
unrhyw beth sy wedi digwydd nac unrhyw beth fydd yn
digwydd – ond am heno fe allwn ni dwyllo'n hunain.

*

Mynd i'r gwely wedi blino'n shwps. Wy'n cysgu mewn
whincad. Ma niwl ym mhob man yn 'y nghwsg. Sa i'n
breuddwydio, sa i'n deffro, sa i'n symud, sa i'n cyffro. Ac
wy'n gwbod pan ddaw'r bore y bydd un diwrnod wedi
gwthio'i ffordd yn ewn mewn rhwng y presennol marw a
phan oedd 'y nhad yn fyw.

*

Bwrw i'r diwrnod y bore wedyn, ma pethe i'w gneud.

Dyddiad ei angladd wedi'i drefnu, ni'n gwbod nawr at beth ry'n ni anelu. Ma ganddon ni wythnos. Ma fe fel mini-priodas, heb briodferch.

Cwrdd â 'mrawd bach, y cyw melyn ola, ac ma cael paned yn ei gwmni'n gysur dieirie. Dros yr wythnos, ni'n rhannu cyfrifoldebau rhyngddon ni ac ar ddiwedd bob dydd, ry'n ni'n dod at ein gilydd i weud yr hanes. Ac y'n ni'n gweu'n glòs-glòs i'n gilydd jyst yn sydyn fel'na, heb i neb weud dim na'n gorfodi ni.

Wy'n benthyg llyfr ffôn Dad o'r tŷ a dechre cribo drwy'r holl enwe, cydnabod, cyfeillion, perthnase – y we o fywyd. Penderfynu pwy i'w ffonio er mwyn rhoi gwbod. Cael yr un sgwrs drosodd a thro ... do, fe gwmpodd ... fuodd e yn yr ysbyty ... ond wedyn fuodd e farw ... allwch chi ddod i'r angladd? Mynd drwy'r mosiwns dro ar ôl tro, gweud yr un pethe, swnio fel poli parot. Pryd fydda i'n rhoi'r gore i'r diwn gron?

Treial cadw'r cyfan yn eitha moel, ddim ishe mynd i fanylion, nid nhw sy'n berchen ar y manylion ta p'un 'ny. Ni sy bia nhw, sy bia fe.

A sdim rhaid i fi roi'r llyfr ffôn 'nôl yn ei gwtsh wrth y ffôn yn tŷ achos fydd e ddim o'i ishe fe 'to. Teimlo'n euog am hynny.

Yfed paneidiau ar baneidiau; te'n llifo drwy'r sgyrsiau nes 'mod i'n dechre meddwl mai'r môr ydw i, yn llawn hylif, yn mynd a dod gyda throad y tebot.

Ar ddiwedd y dydd cynta 'ma, wy'n teimlo fel 'sen i wedi whare bod yn oedolyn yn weddol. Teimlo y gwnes i gyrraedd diwetydd ar 'y mhen 'yn hunan bach a theimlo'n od o falch o 'nghamp. Da iawn ti, nest ti fe i gyd dy hunan! Heb ddeall pryd 'ny na fedren i neud yn wahanol am mai amser sy'n ein gyrru ni mla'n bob un, p'un ag y'n ni ishe neu beidio, ry'n ni i gyd ar y daith-dim-troi-'nôl-ar-unrhyw-gyfri 'ma, ar gledrau trên amser, y cliceti-clac yn dal-i-fynd, dal-i-fynd, yn clatsho mla'n ar garlam, sdim stop ... hyd nes i ni gyrraedd pen y daith, ein *end o' the line* personol. A sdim dod bant tan hynny. Byth.

*

Yn y gwely, ma'r llenni ynghau a'r nos yn saff tu fas i'r gwydr. Wy'n neud 'yn hunan yn gyfforddus, yn barod i slipo i fyd cysgu. Weithie, pan wy'n deffro, y meddwl cynta sy'n dod i fi yw, pryd ga i fynd yn ôl i'r gwely? Pryd sy'n dderbyniol i droi am y cae sgwâr ar ddiwedd y dydd, pryd sy'n weddus i fi wisgo 'mhyjamas, ac wy eisoes yn paratoi'r ddefod o adael y dydd tu ôl i fi a hynny cyn 'mod i wedi codi, bron. Wy'n dwlu ar fynd i'r gwely, yn hoff o syrthio pen gynta tua'r anymwybod, y camu oddi ar y clogwyn i ddüwch cynnes. Fel cwmpo mewn cariad. Llesmair. A bant â fi ...

Chofia i ddim ble'r aeth y freuddwyd â fi. Sdim ots am hynny nawr. Rhyw sefyllfa ddyrys sy'n amhosib ei datrys, siŵr o fod. Taith i'w chymryd, un arwrol wrth gwrs, un â rhwystrau amhosib iddi ... 'Paid ag ofni'r anawsterau ...' Ac wy'n mynd mla'n, mla'n, am mai dim ond mla'n gall rhywun fynd. Ac ma pethe'n digwydd ... wrth gwrs 'ny, breuddwyd yw hi ... pethe anesboniadwy, pethe swreal. Wy wedi dod heb 'y mhasbort, shwd yn y byd gyrhaedda

51

i'r pen draw? Wy'n dal i deithio ond wy'n gwbod 'mod i'n
dod i ddiwedd y daith, bod y ramblo rwtshlyd hwn yn
dirwyn i ben yn slo-bach. Rhaid 'mod i'n deffro, yn camu
mla'n mewn i'r bore. Ac wy ar fin agor y drws i heddi pan
wy'n synhwyro bod rhywun yn sefyll yn fy ymyl i, rhywun
nad yw'n rhan o'r freuddwyd, rhywun sy wedi galw ar
sbec i 'ngweld i.

'Fydden i ddim wedi neud e fel'na.'

Beth?

'Jyst gweud. Fydden i ddim wedi neud e fel'na. Ach ...
Sdim ots, o's e? Ma popeth yn troi mas yn iawn yn y
diwedd, yn dyw e?'

Ac wy'n troi i edrych arno fe, achos fe sy 'na, Dad. Wy
jyst yn edrych arno fe, y foment gwmws i fi adael y
freuddwyd, ac alla i ddim aros, achos wy wrthi'n brysur
yn deffro. Ma fe'n ishte wrth ddrws ymwybod, yn ei
byjamas streips coch a glas o Marcs, un goes dros y llall,
heb slipers na sane na dim, troednoeth. *Typical*. Sbecs
am ei drwyn. Ma fe'n gwenu'r trysor o wên 'na oedd
ganddo, yr un brin o'n i wastad yn whilo amdani bob
dydd o'n i'n fyw. Ac wy'n panico tamed bach achos sdim
amser 'da fi i aros i siarad gydag e nawr, ddim nawr, achos
'mod i'n panso i ddod 'nôl i'r byd hwn. Ond ma pethe
gyda fi i'w gweud ac wy ddim yn cofio beth y'n nhw nawr,
jyst 'mod i'n gwbod bod pethe i'w gweud. Ma wastad
pethe i'w gweud, wastad geirie, achos ma geirie'n gwella
pob dim, yn dy'n nhw? Wastad.

A wedyn alla i ddim ei weld e ddim mwy, ac wy
ddim yn gallu synhwyro'i bresenoldeb e chwaith. Ond
wy'n meddwl, wel, ma hynny'n olréit achos fe ddaw e
'nôl 'to siŵr o fod. Alwiff e draw rywbryd eto a phryd

hynny fydda i'n barod, fydda i'n cofio beth o'n i am weud. Ac yn ei weud e.

*

Daeth y dystysgrif farwolaeth o'r ysbyty. Bydd yn rhaid i ni gofrestru'r farwolaeth nawr, y cyw melyn ola a fi. Dim jôc yw hwn mwyach, smo ni'n whare-marw drwy jocan-byw. Codi'r ffôn, whilo am amser i gwrdd â'r cofrestrydd. Ma pob man yn llawn, medd awdurdode'r dre, bydd rhaid i chi fynd i'r dre nesa i gofrestru. Teimlo fel Mair-a-blincin-Joseff, myn yffach i. Yr unig beth sy ddim gyda ni yw asyn, ond ni'n dau'n ddigon o ddoncis i neud lan am hynny.

Bant â ni yn y car, fel 'sen ni'n mynd am dei-owt. 'Na neis, yndife? A ni'n dau'n mwynhau cwmni'n gilydd yn frawd bach a chwaer fawr joli.

Cyrraedd. Parco. Aros ein tro yn y cyntedd. Ni'n brydlon, sy'n syrpréis. Dechre chwerthin fel cryts drwg yn y coridor, aros am Syr i ddod i roi pryd o dafod. Daw menyw anniben rownd y gornel, dyw ei chot hi ddim moyn ishte ar ei sgwydde hi, mae'n amlwg, mae'n cael trafferth ei rheoli hi. Mae'n fagie i gyd hefyd, wedi bod yn siopa. Ma hi'n edrych fel y *cleaner*, ond hi, fel mae'n digwydd, yw'r cofrestrydd. Ni'n chwerthin mwy ar hyn. Achos mae'n hilariws.

'Come on in. I won't be a minute.' Mae'n diflannu er mwyn rhoi stŵr i'w chot, siŵr o fod, a gosod ei bagie gadw wedi'i sesiwn siopa lwyddiannus.

Ni'n sgathru ar ein traed yn ufudd a sleifio mewn. Yna ni'n sefyllian fel dau idiot yn ei swyddfa hi, ddim yn gwbod beth i neud â'n hunan, ddim yn gwbod shwd ddylen ni fihafio. Ni'n hoples.

'Take a seat ... I'm sorry for your loss.' Ma ganddi lais fel *marshmallows* – meddal, llawn siwgwr, yn binc a gwyn i gyd, mae'n neud i fi deimlo 'bach yn sic. Dyw hi ddim yn edrych yn *sorry for our loss*. Dyw hi ddim yn edrych yn *sorry* o gwbwl. Mae'n edrych arnon ni fel tasen ni wedi torri ar ei phrynhawn lyfli hi o siopa, roedd popeth yn mynd yn grand tan nawr.

'Did you want the certificate in English or ... bilingually?' medde hi a neud gwep.

Ni moyn e jyst yn Gymraeg, achos Cymraeg ni'n siarad, ma popeth yn neud sens yn Gymraeg. Cymraeg oedd e'n siarad. Ond sdim botwm gyda hi ar ei sgrin ar gyfer hynny.

'Bilingually,' medden ni a theimlo 'bach o gywilydd.

'Oh ... right.' Mae'n swno'n siomedig.

O hynny mla'n ma pob dim yn cymryd ddwywaith yr amser. Ma hon yn symud fel malwoden mewn breuddwyd.

'Ri-ight. What is the deceased's name ... date of birth ... place of birth ... occupation ...?'

Ni'n rhoi'r cwbwl sydd ei angen arni i lenwi'r ffurflen, yr holl wybodaeth. Ma hi'n tapo'r bysellfwrdd un bys ar y tro, yn araf-araf, fel tase hi ar fin cwmpo i gysgu achos bod y cyfan jyst ... mor ... ddiflas, a'i bod hi wedi neud hyn ... sawl ... tro ... o'r blaen. Mae'n neud camgymeriade, dyw hi ddim yn sylwi ond ry'n ni'n sylwi am ein bod ni'n dilyn y bys araf o gwmpas y bysellfwrdd fel 'se hi wedi'n suo ni i'w gwylio.

'You've made a mistake.'

'Where?'

'There, you've put it in the wrong box.'

'Oh ... so I have ... never mind ...'

Ni'n gwingo erbyn hyn. Mae'n troi'n llawn blinder i gywiro'r sgrin ac yn bwrw mla'n yn ara bach fel menyw sydd angen newid ei batris arni. Ma hwn am gymryd hydoedd.

'When did he pass away?'

'What?'

'When did your father pass away?' A phan wy'n deall beth ma hi'n feddwl, wy moyn pwnsho hi yn ei tshops am ddefnyddio shwd hen eirie pathetig sy'n golygu dim. *Pass away*, wir. Fuodd e farw, fenyw.

Ma ishe i'r ddau ohonon ni stopo â'n sterics sili ni, achos beth ni ishe gweud yw, 'O, smo fe wedi marw go iawn. Jyst whare *silly buggers* ma fe. Cuddio. Syrpréis!' Ond beth ni yn gweud yw'r dyddiad nath pob dim ddod i stop iddo fe, y diwrnod na fydde dim mwy o Dad achos bo' fe'n *ding-dong-dead*. Ac yn sydyn fel dydd Sadwrn, smo ni'n chwerthin.

'How many copies do you want?'

Dim ond un copi sydd ishe, ife? Fydde cael mwy ddim yn ei neud e'n fwy marw, fydde fe?

'I suggest you get a few, you'll need them. For administration purposes. You'll need to tie up his affairs.'

Ni'n penderfynu ar hyn a hyn o gopïe heb wbod eto ar gyfer beth. Mae'n gwasgu'r botwm ar ei chyfrifiadur ac yn printo. Mae'n codi yn slo-slo-bach a mynd am y drws.

'I won't be a minute.'

Fuodd hi ddim, fuodd hi fwy na munud. Ma amser yn tician yn arafach yn y swyddfa hon nag ar y tu fas ble ma pawb yn byw ar sbid normal. Mae'n arteithiol fan hyn. Ni'n dau'n anesmwytho ac yn dechre edrych rownd. Tu ôl i ni ma llun – paentiad – o fenyw ganol oed yn ei hanner plyg yn casglu cocos ar y traeth. Ma ganddi wallt byr, cyrliog, llwyd, ma hi'n gwisgo sbectol a phâr o *slacks* cysurus wedi'u stwffo mewn i'w welingtons yn deidi. Ma hi'n edrych yn syth aton ni. Ma'r fenyw-gocos wedi bod yn syllu ar ein gwarrau ni'r holl amser, yn ein llygadu ni'n ddi-flinc, a gwenu ei gwên gocos 'run pryd. Ma rhywun y tu ôl i'r llun yn ein gwylio ni. Deffinet. Ni'n teimlo fel kymeriade *ker-azy* mas o *Scooby-Doo*. *Pesky kids*!

Daw'r fenyw sydd â holl amser y bydysawd o'i phlaid 'nôl i'r stafell ac mae'n rhoi'r tystysgrifau i ni'n hamddenol, heb frys. Cydio ynddyn nhw a chanu hwyl fawr iddi wedi i ni hen adael y stafell, rhywle sha canol y coridor.

Ni'n sgidadlo o 'na, ffwl-pelt, yn gwbod y bydde Dad wedi chwerthin fel ffŵl am yr holl beth.

*

Adre, ar ôl gweud y stori sawl tro am y fenyw ddiog, drioglyd, wy'n teimlo rhywbeth lleddf yn dod drosta i. Felly, er mwyn rhoi shot ar ddianc rhag y teimlad, wy'n camu mas i'r nos i gerdded. Agor drws y ffrynt a llithro ar lafn golau'r stafell fyw i goflaid nos. Whwwshh. Pan ma'r drws yn cau, yn sydyn mae'n dawel tu fas – fel hyn ma pob nos, siŵr o fod, yn dywyll, yn dawel. Sefyll am funud dan y bondo a styried y dylen i gwtsho lawr, ishte ar y stepyn i ryfeddu ar y slumod yn tasgu acrobatics ar draws y dyffryn fel creaduriaid â *deathwish* gwichlyd i sgubo pen gynta clatsh mewn i wal, ond sdim golwg ohonyn nhw heno, pob slumyn call yn clwydo, siŵr o fod. Wy'n blasu'r awyr oer yn ddierth yn 'y ngheg, blas petrol a gwlybaniaeth. Ddylen i fod yn reslo 'da cwshins rhwyfus y soffa nawr a setlo i wylio rhyw ffilm gach am rywun neu rywbeth yn rhywle.

Af lawr y grisie'n bwrpasol i'r stryd, wy moyn i bawb feddwl 'mod i'n gwbod ble wy'n mynd. Nagy'n ni i gyd? Sneb 'ma i weld, ond wy'n dal i gerdded yn bwrpasol rhag ofn bod llygaid llwynog, rhyw hen flewgi cochlyd, yn goleuo'n ddrygionus yn y nos wrth synhwyro o'r gore nad yw hon yn siŵr ble ma hi'n mynd a'i fod e wedyn yn slinco mewn drwy dwll y clo i ddwyn pob dim sy'n annwyl o'r tŷ. Cadw 'mhen yn uchel a cherdded yn dalog un cam ac un arall ac un arall 'to, nes bod rhythm yn cydio a churiad calon y stryd yn tasgu drwydda i, yn neud i 'nghoesau ymestyn fel lastig a tharo'r tarmac yn bendant, cynhesu 'ngwaed a'i anfon dan ruo drwy 'nghorff. Teimlo'n fyw yn y nos, gan wbod, rywle yn y dre hon, bod corff marw yn llonydd-llonydd a'r gwaed wedi oeri.

Dal i gerdded a mynd mla'n heibio'r coedlannau stond sy'n aros yn gwmws fel delwau wedi i'r gerddoriaeth ddistewi. Meddwl wrth i fi droi'r gornel fod y dawnsio'n dechre eto a phob sycamor yn shiglo, pob derwen yn danso a phob un ffawydden yn taflu ei changhennau tua'r ffurfafen yn llawen a shiglo'i dail. Treial peidio â theimlo'n paranoid. Lliw lampau'r nos yn troi pob dim yn llwyd a golchi'r cyfan mewn oren afreal lliw hunllefau.

Dal i gerdded, dal i gerdded a phalu mla'n, lan y rhiw, lawr yr ochor arall fel tasen i ar frys i gyrraedd rhywle pwysig, achos ma llygaid yn dal i wylio. Ambell gar yn gyrru heibio, mas heno heb ganiatâd eu perchnogion yn ratlo'n swnllyd drwy'r dre fel cans yn clindarddach tu ôl i *limousine* priodasol. Yna, tawelwch eto fel clogyn ffansi am y byd.

Dal i gerdded a chlywed 'yn anadl i'n megino yn 'y mrest, mewn ... mas ... mewn ... mas ... Anadlu hen ysbrydion i'n ysgyfaint, sugno'u hanian nhw, llyncu rhuddin eu heneidiau reit lawr yn ddwfwn tu fewn. Alla i weld yr holl bobol fu'n byw'r strydoedd hyn ar hyd cerdded y canrifoedd yn pasio heibio, alla i gyffwrdd â'u cysgodion, alla i gerdded drwyddyn nhw, o'r merched paent-pert mewn ffrogiau llawn, swish-swish a'r dynion ffraeth clos pen-glin yn cyfarch ei gilydd yn sidanaidd fonheddig, hyd at ddrychiolaethau'r holl bobol ddi-nod yn mynd o gwmpas eu busnes a'u busnesu beunyddiol heb edrych i lygad neb, yn brysio, brysio, y breichiau'n symud yn brysur. Wy'n estyn mas i deimlo ac wy'n synhwyro'r rhai a fu yno. Ac am ryw reswm boncyrs, wy'n edrych i weld a wela i fe'n sefyll rhywle ar y stryd yn llonydd, pan fo pob ysbryd arall ar ei drafels, i weld a yw'n edrych ar bob dim sy'n paso â'i lygaid marblis tywyll a'u llond nhw o sa-i'n-gwbod-beth, yn gwylio ac yn gweld pob dim, neu wy'n dychmygu ei weld e'n crymu fel coma ar dudalen, o flaen y *cashpoint* yn codi arian, yna'n rhoi pob dim yn ôl yn ei waled yn bwyllog fel tase holl amser y byd yn byw yn ei boced, neu ei weld e'n syllu mewn i ffenest siop wedi sylwi ar rywbeth ddaliodd ei ffansi. Ond dyw e ddim 'na. Dal i gerdded.

Troi oddi ar y brif hewl, anadlu, ac ma'r newid yn y tymheredd yn sioc. Cerdded ar hyd lôn gulach, sy'n oerach am nad oes neb wedi styrbo'r awel yma ers tro.

Wy'n ochneidio heb i fi sylwi, am fod yr awel yn oeri'r gwres sy'n gwasgu ar fy ymennydd berw ac mae'n rhyddhad mwya sydyn. Ma'r lôn hon yn cael ei hanwybyddu gan bawb yn y parthe yma, hen lôn fach amddifad yw hi, cyfrinach y dre, dim ond fi a hi sy'n gwbod amdani heno. Ac weda i ddim wrth neb. Fi sy berchen arni tra 'mod i yno ac wy'n cerdded ar ei hyd yn dalog. Digon posib na all neb arall weld y lôn – er falle bod rhywrai'n cuddio yn y perthi ar berwyl drwg, neu'n pwyso yn eu hamdden wrth fôn coeden yn barod i roi powns – ond go iawn, wy'n gwbod nad oes neb yno ac wy'n cerdded mla'n ar hyd y lôn yr anghofiwyd amdani ers meitin, yr un sydd ag enw anarferol iddi sy'n ei chlymu wrth hanes brith y dre fach ddryslyd hon.

Mae'n oer yma. Teimlo 'mod i'n cerdded drwy'r blynyddoedd, ma 'ngham yn arafu, dod i stop, wy'n gwthio blaen fy mysedd mewn i graciau cerrig y wal fu yno ers wn i ddim pa bryd a theimlo'r llwydni'n dwyn 'y ngwres yn syth a'i sugno i grombil y meini. Wy'n rhwbio ysgwyddau â'r meirw a mwynhau ein bod ni i gyd ar yr un stryd er bod amser yn ein gwahanu. Yn sydyn wy'n cofio amdano fe, achos am eiliad fe anghofies i ei fod e wedi marw a bod yn rhaid i fi newid ei statws e yng nghyfri adnabod fy ymennydd: *single/divorced* ... *married/ widowed* ... *happy/sad* ... *alive/dead* ... Wel, ma fe'n *dead*, a fydd y statws hwnnw byth yn newid o hyn tan ddiwedd y byd. Wy'n grac 'da'n hunan am anghofio, wy'n grac am orfod cofio unwaith yn rhagor a phob tro wy'n cofio wy'n siomi o'r newydd rhyw damed bach.

Wy'n dod at blet destlus yn y lôn, ble ma asgwrn cefen y wal yn crymu cyn sythu eto, patrwm hyfryd y clytwaith

cerrig a'r mwsog yn canu yn 'y nghalon i. Fe alla i weld y
lamp ar ben y lôn ble mae'n ymuno â'r byd unwaith yn
rhagor. Ble ma golau'n gawod yn golchi'r tywyllwch. Ac
yno yn y pelydrau lliw asid, wy'n ei weld e! Neu ydw i?
Ydw, dyna ble ma fe. Yn pwyso ychydig i un ochor, fel tase
chydig bach o sybseidens yn perthyn i'w gorff e. Fe yw e,
yn bendant. Ma fe'n edrych yn fach-fach, yn hen-hen, yn
dwt-dwt, yn ei siwt *three piece* ddu, yr un wisgodd e ar
gyfer pob digwyddiad mawr yn ei fywyd e, ei wallt
newydd gael ei dorri'n smart, ac mae'n edrych bob tamed
fel diacon sêt fawr o'i gorun bach moel lawr i'w sgidie
polish du. Fe yw e, deffinet. Ma fe'n sefyll â'i ddwylo'n
bleth o'i flaen e, jyst yn aros. Ydy e'n aros amdana i?
Mae'n anadl i'n cydio yn 'y ngwddw a heb feddwl, wy'n
cyflymu 'nghamau er mwyn cyrraedd nes draw yn gynt.
Wy'n edrych lawr yn glou i weld a yw 'nhraed yn dala lan
'da 'mhen, jyst am ran o eiliad – amrant amrantiad – a
phan wy'n edrych lan, dyw e ddim yna. Ma fe wedi mynd
... Ac wy'n sefyll dan oleuade theatrig y stryd, jyst fi a'r
postyn lamp.

*

Nawr yw'r amser i fod yn brysur fel gwenyn gyda'n
trefniade ni, i gael pob dim i'w le erbyn ... Un go sy 'da ni
ar gael y cwbwl yn iawn, ar neud cyfiawnder ag e, achos
bydd yn rhaid i ni fyw gyda hwn am weddill ein bywyde
ni.

Wy'n mynd draw i'r tŷ i godi dogfenne er mwyn treial
rhoi trefen ar rai pethe. Ddim yn siŵr ble i ddechre.

Agor y drws cefen am y tro cynta. Y tro cynta ers ...

Camu mewn i'r gegin. Stopo. Paid â bod yn sofft! Ma'r tŷ'n teimlo'n gwmws fel ag oedd e cyn iddo farw, fel 'se fe am ymddangos rownd drws y gegin â helô fach llawn syndod. 'Beth wyt ti'n neud 'ma?' Ond dyw e ddim yn pipo rownd y drws ac wy'n sefyll ar ganol llawr y gegin ac yn synhwyro oerfel dierth. Ddim tŷ ni yw hwn mwy, sa i'n credu.

Dere nawr ... Cerdded mas i'r cyntedd a meddwl i'n hunan, sawl gwaith wyt ti wedi neud hyn o'r blaen? Sawl gwaith wyt wedi camu mewn i'r tŷ heb glywed yr un smic a dychmygu'r gwaetha? Ti'n cofio'r tro 'na gerddest i mewn yn gweiddi nerth esgyrn dy ben, 'Dad ... Dad! Da-ad! DAAAAAD?' A cherdded i ganol y tŷ yn dychmygu pob math o senarios ofnadw, ei fod e'n gorwedd ar y gwely yn fflat-owt a'r radio wedi'i daflu mas o ffenest y llofft a Radio Cymru'n blêran yn yr ardd islaw, yn gwmws fel tase fe'n seren *geriatric* wedi dewis gadael y bywyd roc-an-rôl gyda bang. Becso. Ond penderfynu mynd i'r tŷ bach gynta, achos tasen i'n aros tan wedyn a'r gwaetha wedi digwydd, wel, falle gelen i ddim cyfle. A sneb ishe pisho'u pants. Achos fel hyn, o leia yn dechnegol, sdim byd gwael wedi digwydd, nago's? Cyrraedd pen y grisie, dim sôn am neb, dim ond cerddoriaeth yn llifo dros y landin. Galw eto, gwthio drws y llofft ar agor yn betrus, o'n i'n barod am bob math o bethe ... Drws ar led a ... dyna ble'r oedd e'n *resplendent* yn ei byjamas yn mynd fel y cythrel ar ei feic ymarfer, yn hollol fyddar i weddill y byd am fod ei glustie'n y radio. 'Dere miwn! Fi'n neud pum munud ar y beic!' Dim diolch, meddwn i, cau'r drws ac anfon gweddi fach o ddiolch fod popeth yn dda. Ti'n cofio'r tro 'na, yndwyt?

Sefyll yn y cyntedd y tro 'ma a gwbod, jyst gwbod, nad oes neb yn seiclo i unman lan llofft heddi.

Wy'n whilo'r dogfenne jyst er mwyn gadael yn jogel. Whilo'r bocs pren sy'n dala pob dim. Ar fy ffordd, ffindo'r allbrint o guriade'i galon e, yr un gymerodd y bois ambiwlans ar y bore Iau di-ddim hwnnw. Mae'n dangos ei fod e'n fyw. Lan-a-lawr a lan-a-lawr ma'r llinelle tene du'n mynd fel dawns fach joli ar hyd y papur graff, prawf pendant ei fod e'n dal yn fyw. 'Co! Alla i ddim edrych mwy achos wy'n gwbod nad yw e'n wir nawr.

Wy'n ffindo'r bocs a chymryd y dogfenne a throi'n glou i fynd mas i'r haul.

*

Cwrdd â'r cyw melyn ola mewn caffi yn dre i drafod odyn ni ar y trywydd iawn gyda'r angladd. Ni wedi trafod ei ddymuniad i gael ei amlosgi achos roedd *plans* 'dag e i ni ar gyfer ei lwch, o'n ni'n gwbod hynny. Roedd e am fynd 'nôl i'r cwm ble gafodd e 'i greu, fel cnapyn gloyw o lo, 'nôl i'r man ble ffurfiwyd e. Roedd e am gael ei adael yn rhydd ar y gwynt, rhywle rhwng y nant a'r mynydd. Bydde hwnna'n rhywbeth i edrych mla'n ato fe rywbryd eto. Fu dim trafodaeth am unrhyw fanylion angladd ond fues i i ddigon o angladde yn ei gwmni i wbod beth oedd yn dderbyniol a beth oedd ddim. Fuon ni i angladd rhywle ym mherfedd gwlad, angladd rhywun roedd e'n arfer ei nabod flynydde 'nôl, a godde gwylio wyrion y newydd-farwedig yn codi cywilydd arnyn nhw'u hunain mewn man cyhoeddus. Ffor shêm ... Un yn canu cân lwyd yn sigledig dros gitâr, un arall yn bragan am bethe di-ddim, un arall yn darllen cerdd lipa, un yn llefen a llyncu'i geirie, un arall yn ... chofia i ddim beth arall, heblaw nad oedd gan y ficer ddim un adnabyddiaeth o'r dyn roedd e'n ei gladdu.

Gwenu'n neis wrth ddod mas o'r angladd, shiglo dwylo'n barchus. Diolch i chi am ddod ... Mor flin i glywed ... Dewch i gael te ... *Not on your Nelly*. Baglu ddi o 'na'n sharp.

Ni'n gyrru bant ac ishte yn y car, y naill na'r llall yn gweud dim am yn hir. Yna, o'r diwedd: 'Wel, o'dd hwnna'n hollol embarasing. Addo i fi na fydd dim byd fel'na'n 'yn angladd i. O'dd e jyst ddim yn ... *classy*. Dere, gad i ni fynd i gael te, rhywle neis, jyst ni.'

Yn y dre 'da'r cyw melyn ola wy'n adrodd y stori am yr angladd *non-classy*. Gwbod o ble ni'n dechre 'te. Ac o dipyn i beth, daw'r cwbwl at ei gilydd, yn ffito'n daclus i greu coffa da amdano. Yr emynau, y darlleniadau, y gerddoriaeth. Y cwbwl yn neud rhywbeth da, rhywbeth fydden ni'n ei gofio, ei anwylo'n y cof, a rhywbeth y bydde fe'n hapus ag e. Rhywbeth *classy*.

*

Yn y bore, mae'n anodd agor y llygaid. Smo fi'n berson bore'r dyddie 'ma, smo fi'n berson nos o ran hynny – sa i'n gwbod person pa ran o'r dydd ydw i nawr. Stwmblo mas o gwtshys twym y gwely a lawr i whilo coffi er mwyn deffro. Cerdded heibio'r fainc wrth y gegin a chael sioc o weld y pyjamas streips coch a glas o Marcs wedi'u plygu'n ddestlus yno, yr union byjamas o'r freuddwyd. Pyjamas ysbyty. Am hanner eiliad, wy'n meddwl ei fod e wedi matryd a'i fod e'n rhedeg yn borcyn yn rhywle – wy'n ei ddychmygu fe'n strîco drwy freuddwydion pobol heb wahoddiad. Ond wedyn wy'n cofio mai fi ddaeth â nhw adre o'r ysbyty i'w golchi rhywbryd ac anghofio mynd â nhw 'nôl gyda fi wedyn. Ac erbyn nawr, sdim ishe nhw arno fe, ddim ble ma fe wedi mynd. Pâr sbâr y'n nhw nawr. Pwy fydde ishe pyjamas ail-law? Wy'n rhoi nhw yn y bin.

*

Ma'r amser 'ma, rhwng marw ac angladd, yn amser rhyfedd, yn dyw e? Dyw pethe ddim cweit fel tasen nhw'n wir, fel y galle fe ddod 'nôl o farw'n fyw'n ddigon hawdd – 'na beth ddigwyddodd ar y trydydd dydd, yndife? A ni'n mynd ambythdi'n pethe fel 'sen nhw'n bethe pwysig, y pethe bach 'ma. Ni jyst mor fishi'r dyddie 'ma. A 'co ni, yn brysur gyda'r trefniade, yn cadw'n hunain yn fishi, neud hyn a'r llall achos allwn ni ddim dirnad beth sydd am ddigwydd a phan fydd diwrnod yr angladd wedi dirwyn i ben, bydd rhaid i ni fyw droson ni'n hunain wedyn, fydd dim ishe meddwl amdano fe, heblaw y byddwn ni'n meddwl amdano fe drwy'r amser, yn enwedig ar yr adege pan na fyddwn ni'n dishgwl neud.

Ma neud y trefniade bychan-bach 'ma ry'n ni'n ffysan o'u cwmpas nhw'n golygu ei fod e'n dal i fod yma, gyda ni, bo' ni'n ffysan ar ei gownt e. Ac ma fe dal 'ma, achos ma'i gorff e'n gorwedd mewn lle oer rhywle yn yr ysbyty yn aros amdanon ni, am y tro ola.

Galw gyda'r fenyw flode yn y farced. Hithe'n holi beth licen ni. Gwenu, achos wy'n meddwl busnes. 'Gwyn,' meddwn i. 'A blode *iris* glas.' Achos o'n nhw ar arch Mam, Dad ddewisodd nhw.

Ma hi'n tynnu gwep. Dyw hi ddim yn meddwl y gallith hi gael yr *iris* cyn yr angladd. Heb i fi sylwi, wy'n dechre llefen yn y siop. Ydw i wedi hurto? Wy'n treial peidio achos mae'n beth hollol ddwl, sdim ots am y tipyn *irises*, oes e? Ond wy ffaelu help gweud, 'Ddewisodd e nhw ar gyfer arch Mam ...' Ma hi'n edrych arna i heb emosiwn.

'Wela i beth allwn ni neud.'

'Sdim ots,' meddwn i a chymoni'n hunan, achos mewn gwirionedd, does dim.

*

Beth fydd e'n gwisgo? Yn sydyn, ni'n meddwl am bethe felly. Ma gan y byw eu dillad ar gyfer cynhebrwng, ond beth amdano fe? *The star of the show*? Y dyn ei hun?

Cwrdd yn y tŷ eto a mynd i'r stafell wely i whilo'i siwt e. Ni'n gwbod pa un heb drafodaeth. Yr un 'na wisgodd e ar gyfer y digwyddiade pwysig yn ei fywyd e; ei briodas ac angladd ei wraig. Gele fe'i gwisgo hi 'to, un tro ola, yn smart i gyd. Fydde Mam yn browd.

Ma'r brethyn yn dywyll, yn ddu fel glo'r cwm yn y fan ble ganed e. Ma rhyw edefyn coch tywyll wedi'i bwytho mewn i'w gwead hi hefyd, rhywbeth i roi cynhesrwydd iddi. Ma ganddi wasgod yn ogystal. Fe fydd yr un mwya smart yn y lle. Ni'n dewis crys gwyn. Ni'n dewis tei, y neisia yn y cwpwrdd. Ni'n dewis sane heb dylle a phâr o bants na fydde'n codi cywilydd tase fe'n digwydd ca'l damwain. Ni'n polisho'i sgidie fe a'u rhoi nhw yn y bag. Ma'r cwbwl yn barod.

Mynd â'r dillad draw at yr ymgymerwr. Ma fe'n rhoi'r sgidie 'nôl i ni. 'Smo nhw'n llosgi, chwel'.' Cymryd y sgidie, heb wbod yn iawn beth i'w neud â nhw. Ac wy ishe gofyn, shwd fydd e'n cerdded nawr, yn nhraed ei sane?

Amser mynd. Ni'n cofio gweud wrth yr ymgymerwr i gadw botwm gwaelod y wasgod ar agor achos mai fel'na roedd e'n ei gwisgo hi bob tro.

Teimlo'n bod ni'n dod i drefen. Teimlo'n bod ni'n dod i whare bod yn oedolion yn eitha da erbyn hyn. Ni'n eitha blincin blêsd â'n hunain.

*

Mewn caffi, jyst fi, ishte dros baned sy'n addo llawer. Wy'n troi'r coffi gyda llwy, unwaith, ddwywaith ... sawl eiliad sydd wedi mynd ers i'w galon ddod i stop? Ers darfod y curiadau? Sawl eiliad o ddistawrwydd sydd, sawl munud, sawl awr ... diwrnod ... wythnos ... mis ... blwyddyn ... degawd ... canrif? Ac mae'n teimlo fel tae e'n mynd yn bellach ac yn bellach o 'ngafael i. Ma'r cwch yn hwylio'n bellach i ffwrdd a'r llif yn pallu troi; y cwch yn pellhau, mynd yn llai ond byth, byth yn diflannu. Alla i neud dim ond sefyll a gwylio o'r tir sych yn ddiymadferth ble'r ydw i. Y ferch ar y cei yn crio.

Ma 'nghuriad calon i'n mesur y pellter sy'n rhwygo ar agor rhyngddon ni, ba-dwm ... ba-dwm ... bellach-bant ... bellach-bant. Y gwahaniaeth rhwng y fi-fyw a'r fe-marw. Ni'n parhau i fyw fan hyn, yn dal i anadlu, yn dal i fynd. Ma fe wedi peidio â phob dim, rhoi'r gorau i'r cwbwl.

Clinc-clinc cwpan yn erbyn cwpan yn dod â fi 'nôl i'r ford, i deyrnas y llwye te a'r stêm, ble ma lliain sychu llestri'n ben, amen. Wy'n llyncu 'mhoer yn ffroth diflas.

Troi 'nghoffi ac edrych mas drwy'r ffenest, mae'n dangos theatr y byd tu fas. Ac am eiliade cyfan na all fy llygaid eu credu, ma ganddo *walk-on part*, draw fanna ar y pafin. Ma'i ben wedi plygu wrth iddo fynd, cap gynta, gan edrych ar ei draed a, gredech chi fyth, wrth basio'r ffenest mae'n codi ei ben i edrych mewn ac allen i dyngu ei fod e'n rhoi winc. Jyst un fach slei, jyst un ... amrant ... ond digon i fi weld. Ac mae'n diflannu heibio i ffrâm y ffenest.

Llwnc o goffi. Sadio. Sychu'r mwstásh ewyn llaeth, crafu'r gadair yn sgrech o brotest hyd y llawr, sgathru am y drws. Wy'n gallu gweld ei gefen e'n crymu yn y pellter a lliw ei got e'n toddi mewn i'r siope ar ben hewl, wy'n teimlo sŵn ei draed ar yr hewl yn trydanu'n fy mrest, ba-dwm ... ba-dwm ... ba-dwm ...

Bant â fi lawr y stryd ar ei ôl e. Ba-dwm ... ba-dwm ... ba-dal-i-fynd ... ba-dala-lan ... Rhedeg mas o bwff, rhedeg mas o boer, rhedeg mas o bwyll, rhedeg mas o bafin a bron â chyrraedd. A phob math o feddylie'n bygwth taflu 'mhen i dros y dibyn – pam aeth e, ble fuodd e, a beth yffarn ma fe'n neud fan hyn? Treial cadw trefen ar y gwreichion pen sy'n tasgu.

Cyrraedd ato, cyffwrdd yn ei ysgwydd. Mae'n troi. 'Can I help you, dear?' Nid fe. A finne'n daer mai fe oedd e. Dyw e'n edrych dim byd tebyg iddo fe.

Mynd 'nôl at y coffi amddifad. Trodd y cwpan ei gefen arna i, ma fe wedi llyncu mul. Ma'r coffi'n llugoer hefyd.

*

'Pryd licech chi ddod i ga'l *viewing*?' *Viewing*?! O beth? O! Ni'n deall … i weld y corff chi'n feddwl? Y corff. Licen i ddim, mewn gwirionedd, ond licen i ddod i weld 'y nhad. Yn fwy na dim fe licen i ddod i weld 'y nhad. Licen i ddod i deimlo'i wres e, licen i glywed ei jôcs ofnadw fe a jyst bod yn ei gwmni fe 'to.

Ond ddim 'na beth wy'n gweud. 'Pryd bynnag.' Achos ar hyn o bryd ni'n hollol rydd, yn dy'n ni? Jyst yn cyfri'r dyddie nes diwrnod yr angladd. Cytuno ar amser y gall pawb fod yno.

Ni'n cyrraedd pan ma'r haul ar fin machlud. Ar ddiwedd dydd. Mae'n braf. Ni'n cael ein tywys mewn yn dyner ac yn cael digon o amser i fod yn y stafell. Ac am y tro cynta ers dyddie, ma fe yma gyda ni, ac eto dyw e ddim. Ma pob un ohonon ni'n ishte'n ddigon pell bant, yn oedolion ac yn blant, ni'n shei, fel 'sen ni ishe amser i gyfarwyddo ag e eto, wedi colli nabod arno. Ma'r arch ym mla'n y stafell ac fe alla i weld ei drwyn e'n pipo dros yr ymyl. Fe yw e … ac eto, nid fe. O nage, nid fe yw e o gwbwl.

Ni'n symud yn agosach ato, un wrth un, yn cynhesu at ei bresenoldeb. Ond ddim pawb. Fydd rhai ohonon ni ddim yn codi o'n sedde, mae'n ddigon jyst bod yn yr un stafell.

Cyrraedd erchwyn yr arch. Aros. Teimlo cysur gwres ein gilydd. Sefyll yno, heb edrych mewn i ddechre, ffaelu neud, peidio â meiddio gneud. Jyst sefyll ac edrych ar ein traed. Yna … Dyrchafaf fy llygaid i … ymyl yr arch a dim pellach.

68

Dewch nawr, bobol. Amser mwstro'n hunain. Gweld ei siwt amdano. Rhyddhad. Ma fe yn smart, yn edrych yn rial boi. Ma'i dei e'n syth, ei grys e'n lân. Er, ma rhywbeth lletchwith o ryfedd yn y ffaith ei fod e'n gorwedd mewn bocs; dyw e ddim yn ddyn mawr ond mae'n teimlo fel tae e wedi cael ei wasgu mewn i sefyllfa anghyfarwydd rhywsut. Edrych ar ei wyneb e a gwbod nad fe yw e, fan hyn, go iawn. Dyw'r enaid ddim yno, ma'r bywyn wedi gwywo, dyw e ddim yn edrych fel fe'i hunan, ddim tamed. Ma ganddo chydig o liw ar ei foch, 'bach o *theatrics*, siŵr o fod, er mwyn neud iddo edrych fel tae e'n dal ar dir y byw. Wel, ma fe'n dal ar dir y byw, ond dim ond ar delerau'r meirw. Ma'i geg e'n ishte'n gam, yn gorwedd mewn ystum nad oedd e'n neud. Ma rhywbeth dierth amdano. Sa i ishe edrych arno mwy achos 'mod i wedi gweld nad fe sy gyda ni yn y stafell hon, jyst rhywun sy'n ymdebygu iddo fe. *Tribute act.* Ond tasen i heb ddod i weld, fydden i ddim wedi gwbod, ac mi fydden i wedi wyndro ar hyd 'yn oes. Ac eto, ac eto, fe yw e, achos all e ddim bod yn neb arall chwaith. A'r un peth sy'n mynd drwy 'meddwl i yw bod sefyll fan hyn siŵr o fod y peth agosa at gerdded heibio i arch Lenin.

Ni'n sefyll am chydig bach 'to. Wel, gan bo' ni 'ma, fydde fe'n rwd i beidio. Ond ni'n anniddigo ar ôl tamed.

Ma pawb yn mynd 'nôl i ishte, achos smo ni wir ishe gadael y stafell achos hwn yw'r unig beth yn y byd sy'n ymdebygu iddo. Y sgrapyn bach o gorff mewn siwt smart yn barod at achlysur ei fywyd ... ei farw ... A phan adawn ni'r stafell, 'na ni wedyn, allwn ni ddim troi 'nôl iddi, fydd dim cyfle arall.

Ishte 'na mewn hysh am dipyn. Yna, ma rhywbeth yn croesi 'meddwl i fel bollt – a oedd botwm gwaelod ei wasgod e ar agor? Dyma fi'n sibrwd yn ddramatig mewn i'r tawelwch, 'Welodd unrhyw un oedd botwm ei wasgod e ar agor?' Naddo. Neb. Damo!

'Smo fe'n bwysig.'

'Ody, ma fe.'

'Pwy sy'n mynd i edrych?'

'Sa i yn, wy wedi bod.'

Ma'r cyw melyn ola'n codi. 'Fe af i.' Draw â fe, pob llygad arno fe. Mae'n sefyll yn hir uwchben yr arch ond yn gweud dim.

'Wel?'

'Ody, ma fe.'

'Ti'n siŵr?' medde fi, yn dal ati, achos wy'n meddwl am funud ei fod e'n gweud jyst er mwyn cau 'ngheg i.

'Odw.'

Ond sa i'n ei gredu fe. Ac yn sydyn, dyma'r peth pwysica erioed. Alla i ddim mynd heb wbod fy hunan bod pob dim yn iawn. A beth os nad yw e? Beth ddigwydde wedyn? A fydden i'n ddigon dewr i agor y botwm ...?

Codi. Camu draw. Edrych yn glou dros wefus yr arch. Peidio edrych ar ei wyneb e, ffaelu. Jyst neud yn siŵr bod y botwm wedi'i agor ... Ydy, ma fe. Pob dim yn dda. Geiff e fynd i'w angladd, mae e'n barod.

'Dewch bawb, adre â ni.'

*

Wy'n mynd i siopa, achos bod rhaid i fi. Ma angen bwyd

yn tŷ ni. Wy wedi anghofio am y bobol sy'n dal i fod yn fyw ac am eu bolie gweigion, ac ma gneud y pethe cyffredin nad oes angen meddwl amdanyn nhw'n beth da, siŵr o fod. Dyna ma'n nhw'n weud, ta p'un 'ny.

Yn yr archfarchnad, wy'n estyn troli, ei ddihuno a'i ddynnu'n grwgnach wysg ei gefen. Ma clindarddach y cerbyd wrth ddatod yn deffro atgofion.

Ma ishe siopa arna i. Ei di â fi?

Wrth gwrs af i â chi. Pam na fydden i'n mynd â chi? Ma llenwi'ch cwpwrdd chi'n llenwi 'nghalon i. Mae'ch cadw chi'n ddiddig yn cadw'r briw rhag brifo rhyw damed. Dewch, ewn ni yn y car 'da'n gilydd.

Ond wy ar fy mhen fy hunan yn y siop tro 'ma, mae'n teimlo'n gyfarwydd ac eto'n rhyfedd. Wy'n cerdded yr un llwybrau ag yr oeddwn i'n eu cerdded 'dag e. Ac mae'n feddwl i'n llithro 'nôl i'r siopa hamddenol. Bara? Na, ddim tro 'ma. Ffrwythe? Cwpwl o 'fale falle. Yna draw at y potiau salads, y bitrwt, y picls, yr olewydd. Yr un drefen bob tro.

Ond dim ond fi sy'n sefyll o flaen y potiau salads nawr. Ma rhyw steil newydd o salad yno. Ac am sawl hanner eiliad stacato wy'n ystyried; w, bryna i beth, bydde fe'n lico'i flas e. Wy'n estyn amdano fe cyn sylweddoli'n iawn beth wy wedi'i neud. Ma fe yn fy llaw i cyn i fi gofio na fydd e'n blasu dim newydd byth eto. Ond ma pobol ambythdi, felly wy'n parhau i'w ddal e yn fy llaw a jocan, fel tasen i'n pwyso a mesur a ydw *i* moyn y blas newydd yma ai peidio – sa i moyn i bobol syllu arna i, ydw i? Ac wy'n edrych ar y geirie 'New Mediterranean Taste' ac yn dechre llefen, a'r geirie 'New Mediterranean Taste' yn toddi o flaen fy llygaid i. Ac ar y foment fach pot salad honno, sa i'n becso os oes unrhyw un yn 'y ngweld i'n llefen. Gallen nhw edrych! Wertha i docynne! Gobeithio bo' nhw i gyd yn joio. A gobeithio dagan nhw ar eu tipyn salads.

*

Y noson honno, wy'n tramwyo 'mreuddwydion. Wedi gwisgo welingtons tro 'ma, *for all eventualities*, fel 'se Mam yn weud. Ma gen i fasged ac wy'n siopa, codi manion achos fe adawodd e neges ar fy mheiriant ateb i o'r ochor draw. 'Alli di nôl cwpwl o bethe i fi?'

Off â fi, lawr eil y siop, y welingtons yn gwichial. Beth wedodd e oedd e moyn? Alla i ddim cofio, ond wy'n gwbod na fedra i droi am 'nôl yn y freuddwyd hon, ac alla i ddim codi'r ffôn i ofyn iddo fe, achos sdim rhif gyda fi iddo fe ar yr ochor draw, oes e?

Dal i fynd ar hyd eil yr archfarchnad, sa i'n siŵr pa un yw hi. Cymysgedd o bob un, Tes-mo-li-co-di, wy'n credu.

Yna heb esboniad, achos breuddwyd yw hon, wy'n codi uwch y llawr a hofran ychydig fodfeddi uwch y llawr sgleiniog a dyw fy welingtons ddim yn gwichial ddim mwy. Y *muzak* yn fy hudo lawr ar hyd a lled y silffoedd. Sŵp, bîns, saws, caws, mws, hŵps – pob math o bethe, a'r cyfan yn lliwgar biwtiffwl, yn jyst-y-feri-peth-wy-angen. Wy'n llithro'n dawel heibio'r stwff glanhau i'r tŷ; Dettol-Detox, Domestos-Domestics, OMO-O'MA neu ryw bethe fel'ny. Wy'n arafu ac yn gweld beth wy moyn. Wrth gwrs. Ar y silff o mla'n i ma degau o ddynion bach cwmws mewn siwtiau *three piece* du, yn sefyll, un tu ôl y llall, mewn llinellau teidi. Dynion bach seis potel sos. Lyfli. Wy'n estyn am gwpwl i'w rhoi yn y fasged. Falle allen i neud â mwy. Ewn nhw ddim yn wast. Wy'n clirio'r silff.

*

Noswyl yr angladd. Noson cadw gŵyl. Barod ar gyfer fory. Ni wedi paratoi'r cwbwl. Sgwn i pwy ddaw? Sgwn i a ddaw unrhyw un? Cofiwch, fydden ni ddim yn beio neb am beidio â dod. Elen *ni* ddim, medden ni rhyngton ni, oni bai bod yn rhaid, ac oni bai'n bod ni ishe.

Roion ni hybysebion yn y papur, do – yn y north a'r sowth – fel bod dim ecsgiws gan neb i beidio â gwbod. O'n i'n daer na fydde dim sentiment yn y geirie, dim ond gweud yn gwmws beth ddigwyddodd – buodd e farw, a ni sydd ar ôl, ei deulu fe – a dyddiad yr angladd hefyd wrth gwrs, rhag ofan bydde rhywun yn meddwl falle y delen nhw draw, dyna i gyd. Ma'r geirie i'w ddisgrifio fe rhyngton ni a'n calonnau; roedd e'n dad annwyl, oedd, ond roedd e'n fwy na hynny hefyd, yn gymaint mwy; roedd e'n dad gwybodus, yn dad egwyddorol, yn dad doniol, yn dad gofidus, yn dad llawn sens, yn dad *exasperating*, yn dad dall i liwiau, yn dad na allai ddala nodyn, yn dad oedd yn ein caru ni bob un yn unigol â chariad na allwn ni ei esbonio mewn geirie bach pathetig, felly pam boddran? Gadwch hi fanna. A dyna nethon ni. Achos doedd e'n ddim busnes i neb arall, dim ond i ni.

Daeth e 'nôl adre'r noson honno.

Ethon ni draw i'r tŷ i'w hebrwng e am y tro ola; yr

ieuenga hyd at yr hyna yn chwerthin a llefen am yn ail. Cwlwm clòs o berthyn, jyst yn y tŷ hwn, nawr. Wy am i amser stopo a mynd dim un cam ymhellach ond ma bywyd yn mynnu mynd yn y ffordd, mynnu bwrw yn ei flaen ac ma pethe'n dal i ddigwydd. Ma'r plant yn dal i brifio, jyst drychwch arnyn nhw. Ry'n ni gyda'n gilydd ac ma hynny'n beth jyst mor anhygoel o dda.

Gewn ni fasned o de achos ma te wastad yn neud pethe'n well. A sdim te gwell na the'r tŷ hwn.

Setlo i aros am gnoc ar y drws. Ac ma'r dyddie rhyfedd 'ma wedi bod yn ddyddie ble ma pethe'n digwydd i ni, yn hytrach na'n bod ni'n peri i bethe ddigwydd, chi'n gwbod y math o bethe; prynu tŷ, newid gyrfa, cael plentyn. Ond 'co ni yng nghanol *a series of unfortunate events*, myn yffach i; a smo ni wedi neud hyn o'r blaen, ddim fel hyn, a sdim un ohonon ni'n gwbod yn iawn beth i ddisgwyl na shwd i ymddwyn, achos ma hwn yn siriys nawr, nid jôc yw e a sdim un ohonon ni *ishe* bod yn y sefyllfa ryfedd hon. Alla i weld y dynfa rhwng bod yn blentyn a chwerthin fel ffylied, plygu pen a dangos parch syber oedolyn neu hyd yn oed suddo i bydew dwfwn dan storom o ddagre. P'un fydd hi 'te, bois? P'un fydd hi? *It could go any which way.*

Achos yn sydyn, ry'n ni'n tri wedi camu lan i'r gris nesa, neu a gafon ni'n gwthio lan, sa i'n siŵr. Ni, fy annwyl frodyr, yw'r genhedlaeth nesa. Y'ch chi'n deall? Ni yw'r to hŷn nawr. A nagyw hwnna jyst yn swno fel rhywbeth hollol hurt? Beth wede Mam a Dad?

Ma rhywun wrth y drws. Dim amser i feddwl mwy. Ma'n nhw wedi cyrraedd.

Car du dierth ar y clos. Ma Dad adre.

Ni wedi parchuso tamed nawr achos ma'r gweinidog wedi cyrraedd, mae'n offisial. Ni'n ishte a theimlo'n anghysurus yn ein cartre'n hunain. Bihafiwch!

Mae e'n dod mewn. A ni ddim yn gwbod beth i'w weud. Yr ymgymerwr yn gwthio'r arch ar olwynion tawel, a mewn â fe i'n canol ni. Fe ddaeth e adre.

Ni'n codi a thyrru o'i amgylch e, ddim yn gwbod beth i'w weud o hyd.

Ma'r gweinidog yn dweud geirie sy jyst i ni, am y dyn annwyl yma ddaeth i fyw i'r dre hon gyda'i wraig a'i blant. Am y bywyd a gerddwyd ar hyd y strydoedd fan hyn, am yr holl gydnabod gynhesodd eu calonnau gyda'u gwenu a'u joio, am yr hwyl gafwyd, am y cwbwl ddaeth i fwcwl yma. Am y cartre greon nhw'u dau yn y tŷ hwn. Am yr amseroedd da gafon nhw wrth blethu i'w gilydd drwy'r blynydde, am y chwerthin, am y perthyn, am yr adnabod yn y tŷ hwn: mewn celli werdd, y gilfach ir ddeiliog yn y gornel hon o ryw dre fach salw rywle yng Nghymru. Amen. A jyst fel'na, ma fe drosodd. Ni'n diolch i'r gweinidog ac mae'n ein gadael ni, tan y bore.

A dim ond ni sydd ar ôl yma nawr, fel yn yr holl flynyddoedd a fu. Jyst ni. Ma'r plant yn mynd i redeg ambythdi'r arch fel 'se fe wedi bod yno erioed a ni'n estyn paneidie te a dod i ishte yn y stafell gyda fe yn y bocs, i gadw cwmni iddo fe, achos sneb ishe mynd adre i'w cartrefi nawr. Ar ôl tamed, ni'n mynd yn ewn arno ac yn cyffwrdd â'r bocs, blaen bys i ddechre. Ife fe sy mewn 'na? Rhaid taw e. Ni'n mwytho'r bocs, yn gorweddian arno, yna dechre pwyso ar y bocs fel 'sen ni mewn bar neu'n gwmws fel tase dim bocs yno o gwbwl, dim ond fe yn ei groen ei hunan.

Wy'n darllen y geirie ar y plac ar y caead, rhedeg 'y mysedd drostyn nhw, a rhyfeddu at beth ma'n nhw'n weud wrtha i; ei enw, dyddiad ei eni a dyddiad ei farw – y dechre a'r diwedd a dim ond llinell fechan fach rhwng y ddau. Ond nid ar blac llawn sglein-sheinog ma gweud hanes rhywun, ife? Addurn yn unig yw hwnnw.

Ma un ohonon ni'n dechre tapo ar y clawr gyda blaen bysedd, tapo'r un rhythm ag y bydde fe'n neud ar ford y gegin neu ar bont ei ysgwydd os na fydde 'na ford yn handi, nes hala Mam yn wan. Am hanner-hanner eiliad wy'n dishgwl y bydd e'n ateb 'nôl fel eco. Ond sdim byd yn dod. Ac ma'r rhythm yn dal i gael ei daro ar y clawr, fel curiad calon, ma pawb yn tawelu i wrando'r sŵn.

Amser mynd. Fory ddaw. Ie, fory ddaw. Ac ma pawb yn gadael am eu cartrefi er mwyn lapio'u hunain yn dynn yn eu meddylie am y nos.

*

Mae'n braf heddi, ond feiddie fe ddim bod fel arall, na nele? Ma ganddon ni'r bore i baratoi, i roi ein hwynebe ni mla'n am y dydd. Gwisgo'n bwrpasol, gwisgo'n syber, gwisgo'n araf; wy'n dala'n osgo yn y drych, wy'n edrych fel Mam, nid dim ond 'y ngwyneb ond siâp 'y nghorff i hefyd, fel 'sen i wedi matryd 'y nghroen a gwisgo'i un hi amdana i; am eiliad wy'n pyslo i ble'r es i, neu tybed a fytodd Mam fi? Pryd lyncodd hi fi'n grwn? Rhywbryd pan o'n i ddim yn edrych, sbo. Ond sdim amser i feddwl am hynny heddi. Wy'n gwisgo dillad llwyd propor amdana i ac ma hwnna'n neud y tro.

Paentio gwên am 'y ngwefusau a gwbod y bydd hynny'n iawn am heddi. Cadw cownt o bawb arall yn y tŷ a neud yn siŵr bod y criw cyfan yn edrych yn ddeche, a ni'n barod i fynd. Galw pawb i'r ardd i dynnu llun – wy moyn bo' ni'n cofio'r diwrnod hwn, wy moyn teimlo'n browd o'r plant a pha mor brydferth o'n nhw'r diwrnod hwnnw, fydde'ch tad-cu chi wedi bod yn falch.

Agor y drws ar yr haul, edrych draw ar hyd y dyffryn tua chopa'r mynydd pella; gwenu, a chamu lawr y grisie i'r stryd. Ma heddi am fod yn ddiwrnod da.

Pawb yn cyrraedd 'run pryd a gormod yn digwydd i ddala pob dim. Paned? Ie, pam lai, un fach arall cyn mynd. Daw'r gweinidog a'r ymgymerwr whap. 'Co nhw, ar y gair. A ni'n rhoi'n cwpane lawr heb yfed a pharatoi i adael. Popeth yn mynd fel watsh. Ni'n cerdded lawr i'r capel yn griw o orymdeithwyr rhyfedd. Sawl gwaith gerddon ni lawr i'r capel cyn hyn? Wastad yn hwyr, wastad a'n gwynt yn ein dyrnau, wastad yn sgathru am y sedd ar bwys y piler neu sleifio mewn i'r sedd ôl, ond ddim heddi. Ma'r ymgymerwr yn sefyll o'n blaene ni gyda'i ffon ddu a chapan arian iddi. Wy'n syllu ar ei wegil e, mae'n plygu ei ben â'r fath urddas a thynerwch. Mae'n edrych i weld a yw pawb wedi cyrraedd ac ymlonyddu, yna mae'n troi ar ei sawdl, codi ei wyneb tua'r awyr las, dala'i ffon yn uchel ac mae'n dechre camu'n araf ond pwrpasol lawr y ffordd, yr hers yn llithro'n ddistaw tu ôl iddo. Ry'n ni'n eu dilyn nhw fel tasen ni wedi'n hudo ar hyd yr hewl. Ac er mai taith fer, araf lawr i'r capel yw hi,

77

ni'n gwbod shwd ma stopo traffic ac wy'n falch, achos wy am i bawb weld ei fod e wedi marw, wy am i bawb wbod. Ond sdim ots 'da'r rhan fwya, ma'n nhw jyst ishe bod yn grac achos ni'n arafu eu bywyde nhw gyda'n cerdded slo a'n dillad tywyll, ond feiddian nhw ddim dangos hynny achos ma'n nhw'n gwbod, rhyw ddydd, y byddan nhw mewn bocs yn stopo traffic eu hunain, a sdim allan nhw neud am hynny. Ac wy'n teimlo mor browd o'r dyn yn y bocs.

Cyrraedd y capel, casglu 'da'n gilydd yn glòs cyn mynd mewn. Paratoi. Mynd am y drws, mewn … a mla'n lawr yr eil. Ac wy'n colli 'ngafael ar bethe am eiliad, colli 'ngwynt y llwyr, achos ma'r capel yn llawn, llawn o bwy, alla i jyst ddim gweld, wy wedi mynd yn ddall i bethe ond wy'n synhwyro'r holl bobol, teimlo gwres eu cyrff a chynhes-rwydd y weithred o fod yma gyda ni ac wy jyst mor falch eu bod nhw 'ma, gyda ni. Bydde fe'n wag iawn, jyst ni, ond bydde hynny wedi bod yn iawn hefyd.

Ishte ac aros i'r cyfan ddechre. Towlu pip i'r gornel a gweld ei fod e yn ei le'n barod. Bwnsied o flode'n cadw cwmni iddo fe. Neis. Sylwi bod *iris* glas ar yr arch wedi'r cwbwl, rhoi diolch i'r fenyw flode'n dawel.

Wy'n barod am yr hyn sydd gan y gweinidog i'w weud amdano. Shwd geiff e ei roi at ei gilydd mewn geirie o'n blaen ni? Shwd geiff y dyn ei gonsurio 'nôl yn fyw am foment drydanol yn y pulpud? Ac wy'n rhyfeddu gyda phob brawddeg at y darlun cynnes, cyflawn o'r dyn tyner hwn fu'n rhan o'n bywyde ni, ie, ond a fu'n rhan o fywyde'r holl bobol yma'n bresennol. Y dyn tawel a greodd y fath argraff ar bob un yn y capel hwn heddi, pob un. Y dyn gweithgar, diymhongar fu'n rhan o fan hyn.

Y gŵr ffraeth fydde'n gweud jôcs o'r sedd fawr weithie a neud i bawb dagu chwerthin, yr un dyn fydde'n cynnig y weddi fydde'n gweddu'n gwmws i'r achlysur. Y dyn gafodd ei dderbyn i'r cwrdd ar ddydd Iau Cablyd ac na chollodd yr un oedfa o'r gynta honno hyd yr ola. Yr un glywodd eirie'r mynachod yn sibrwd yn glir lawr drwy'r canrifoedd o'r gerddi ffrwythlon gerllaw, 'Cyntaf gair a ddywedaf y bore pan gyfodaf, croes Crist yn wisg amdanaf.'

Y boi fu ar bwyllgore'n lleol ac yn bell bant; yn gweithio, yn meddwl, yn neud, yr un na fynnodd dynnu sylw ato'i hunan ond yr un a fu yno yng nghanol y cwbwl serch hynny. Ac wy'n ei weld e â llygaid newydd er 'mod i'n gwbod am y pethe hyn oll. A finne'n meddwl mai dim ond Dad oedd e, fel bues i fwya ffôl. Achos yn sydyn wy'n deall beth ma'r holl bobol 'ma'n gweld, beth welon nhw ar hyd y blynydde. Ac ma fe'n hardd.

A phan ma'r emyne'n cael eu canu, wy'n cael 'y nghario ar don anferthol y sŵn sy'n codi o'r tu ôl i ni, wy'n mynd ar goll yn ei chanol hi, wy'n boddi dan ryferthwy'r sain. Ma fe'n gwmws fel tase'r môr wedi dysgu canu. Y fath leisie, y fath liwie, y fath lif o deimlade, y fath orfoledd. Phrofwyd ddim o'r fath nerth erioed o'r blaen. Alla i deimlo'r tir yn crynu dan fy nhraed, mae'n symud, mae'n seismig, ac ma'r byd i gyd yn ysgwyd a bydd e'n torri os na fyddwn ni'n ofalus.

Ma'r cyfan yn distewi ac wy'n teimlo'n fach-fach-fach. Licen i adael nawr os nad oes ots 'da chi.

Lawr i'r festri ac ma 'na lond y lle o de a chacs, wrth gwrs, a llond platied o normalrwydd i fynd 'da nhw hefyd. Rhyddhad cael sefyll yno a siarad am bethe cyffredin ar amser mor gythreulig o anghyffredin, plât mewn un llaw, dishgled yn y llall.

'O'dd dim ishe i chi ddod, wir. Ond wy'n falch ofnadw i chi neud. Diolch i chi i gyd am ddod. Diolch i chi ... am ... ddod ...'

*

Ishe tynnu llun o bawb tu fas i'r capel, er mwyn i ni gofio'r diwrnod hwn. Pawb i edrych ar y camera. Gwenwch eich gwên g'nebrwn ore! A fydde neb wedi gwenu'n fwy na fe. Sneb yn tynnu llunie mewn angladde, oes e? Fe ddylen nhw, achos ma angladd yn rhywbeth i'w gofio, i'w gadw'n ofalus yn y co'.

Ma'r car 'ma! Pawb mewn!

Taith tua'r amlosgfa'n teimlo fel amser afreal. Dyma ni'n llonyddu yn y car mawr, du. Gadael i'r wlad ruthro heibio fel rhyw ffilm ddierth a chyrraedd y gerddi cymen ble nad oes blewyn o'i le.

Gwasanaeth byr, trefnus mewn lle *downbeat* o theatrig, dyw e'n teimlo dim fel yr hyn ddigwyddodd yn y capel gynne. Rhyw gysgod llwyd o ddigwyddiad yw hwn.

Foneddigion a boneddigesau ... dyma ni ... dacw fe ... ac yna ma'r cyrtens yn cau i sŵn organ Bontempi diwedd y pier bownsi. Rhyfedd.

Mwya sydyn, ma'r cwbwl drosodd a ni'n camu mas i ddiwrnod estron. I fyd ble nad yw e yma'n unman yn ein plith. Fel 'se fe wedi diflannu mewn pwff o fwg dramatig dyn drwg â mwstásh masif mewn melodrama.

A bant â ni sha thre. Cael ein gadael yn y tŷ ble dechreuon ni'n taith y bore pell bant hwnnw. Mae'n dal i fod yn braf a ni'n penderfynu cael te ar y lawnt. Pawb mas i whare. Dewch. Fe wnewn ni'r mwya o'r haul a'i haelioni heddi. Ma'r oedolion – ie, ni, yr oedolion, cofio? – ni'n ishte ar y fainc ac ar y grisie'n gwylio'r plantos yn raso ambythdi'n wyllt. Ma'n nhw'n dringo coed a diferu oddi ar y canghennau'n gwmws fel angylion William Blake.

Dy'n ni ddim am adael yr ardd. Tybed allen ni fod yma am byth? Ond mae'n hwyrhau a ni'n meddwl y galle'r plant neud â'u gwlâu ... galle'r oedolion hefyd, siŵr o fod.

Roedd e'n ddiwrnod da, yn doedd? Oedd, roedd e'n ddiwrnod da. Newn ni fe 'to fory? Ie, pam lai? A phawb yn gwbod ein bod ni'n jocan, ond neb yn fodlon cyfadde hynny.

*

Adre yn tŷ ni, cyn gynted ag yr agorodd drws y ffrynt, ma'r hyn ddigwyddodd heddi'n troi'n atgof o rywbeth fuodd, rhywbeth o'r gorffennol. Ac yn sydyn reit, wy'n teimlo'r blinder mwya. Newid o ddillad y diwrnod i rywbeth cysurus ac estyn yn syth am albyms llunie'r teulu, dim ond i neud yn siŵr ei fod e yno, yn ein plith ni'n gwenu. Wy moyn gweld ei wyneb e achos wy'n becso 'mod i'n dechre colli nabod arno fe'n barod.

Whilo am lunie ar fy ffôn o'r parti pen-blwydd ola gydag e yno. Pawb yn gwisgo sbectol bapur sili i ddangos bo' ni'n joli ac yn dathlu ac ydy, ma fe yno, yn y canol yn jogel o joli ac yn dathlu gyda'r gore. Ychydig wythnose'n ôl oedd hynny. Doedd neb i wbod beth fydde'n dod wedyn, nag oedd? Syllu'n llawer rhy hir ar y llun ar fy ffôn, ei losgi ar fy llygaid a sylweddoli mai'r parti dwetha i ni gael oedd y parti dweud ffarwél wrtho heddi.

Ma fe wedi marw go iawn nawr, a dyna ... ddiwedd arni.

BYW ETO

Wy'n llefen am yr holl bethe fydd e ddim yn eu gweld ar ôl yr anadl olaf hwnnw gymerodd e, yr holl fyw fydd yn digwydd hebddo fe. Wy'n llefen mewn i'r windsgrin yn y car, dros y llestri yn y sinc, ar y lliain wrth y bàth. Wy'n llefen mewn i sgwydde'r plant, nes bod eu dillad nhw'n llaith. Wy'n llefen achos na fydd e yma byth eto, sdim ots faint fyddwn ni'n cofio amdano fe a hiraethu. A wnaiff holl hiraeth y byd mawr crwn ddim dod ag e 'nôl. Wy'n llefen nes bo' fi'n meddwl 'mod i am redeg mas o ddagre, ond wy ddim yn neud.

Ma'r holl lefen yn fy sigo i achos bod gormod ohono fe i ga'l, all e ddim gadael 'y nghorff i'n ddigon clou. Wy'n shiglo, yn rhwygo nes bo' fi'n chwalu tu fewn ac alla i ddim â gweld shwd alla i gael fy rhoi 'nôl yn un darn byth eto.

Wy'n casáu'r ffaith bod gan bobol rieni o hyd a nhwythe'n dal i gael eu cwmni nhw. Ond rhyw ddiwrnod, fe ddaw eu hamser nhw, bryd hynny bydd 'y nghlwyfe i wedi gwella a fydda i ddim yn teimlo'u poen nhw achos fel'na mae'n gorffod bod. Ond heddi wy'n teimlo'n hollol grac tuag at yr holl fyd. Shwd feiddie popeth gario mla'n fel 'se pob dim yn normal? Shwd all e fod? Sdim normal am hyn.

Ond, nago's pobol yn marw bob dydd? Wy'n ca'l gair stiff 'da'n hunan: drycha, ma digonedd yn mynd drwy alar, ddim jyst ti. Stopa dy seiens. Wy'n ffindo'n hunan yn ffaelu gweud brawddege, yn ffaelu siarad, achos ma'r geirie'n ormod ac ma'n nhw'n mynd yn styc; wy'n gorlifo, wy'n goferu. Ac wy'n teimlo fel rhyw hen beth *seconds* shabi o siop ginog-a-dime.

*

Mynd i'r tŷ heb reswm tro 'ma, dim ond i fod yno. Mae'i got e'n dal i fod ar gefen y gadair yn y gegin, yr hen got, yr un oedd yn neud iddo edrych fel tase neb yn becso amdano fe, fel tase neb wedi'i garu fe erioed. Yr un aeth yn chwerthinllyd o fawr iddo fe a neud iddo edrych fel tase fe'n grwt bach drwg oedd wedi benthyg dillad ei frawd hŷn am laff. Fel tase fe'n ddwfe mawr llwyd â breichie. Y got a gollodd ei lliw yn yr haul, yr un a lefodd yn y glaw. Y got olchon ni sawl gwaith er mwyn treial neud iddi edrych yn fwy sbrachus ond a oedd mewn gwirionedd y tu hwnt i unrhyw achubiaeth. Yr un y bydde Mam wedi'i gwaredu tase hi'n gwbod ei fod e'n dal i'w gwisgo hi. Yr un oedd e'n mynnu'i gwisgo am mai Mam brynodd hi yn y lle cynta.

Yn y stafell fyw, ma'r got brynwyd iddo fe er mwyn dangos bod rhywun yn becso amdano fe, a bod pobol yn ei garu fe. Llai o faint, gwell *fit*, mwy ffansi, taclus, *Italian make*. Yr un oedd e jyst ddim yn ei lico cystal. Ma hithe'n aros amdano hefyd, yn sgwlcan ar gefen cadair, hongian ambythdi yn y gobaith y bydd e'n ei slipo hi mla'n eto, cydio yn ei ffon, taro'i gap ar ei ben ac anelu am y drws.

Sdim Cymraeg rhwng y ddwy got, ma'n nhw wedi pwdu, smo nhw'n torri gair â'i gilydd ac ma'r tawelwch yn dywyll, yn drwchus fel clot gwaed.

*

Trafod ymysg ein gilydd. Smo ni erioed wedi neud dim fel hyn o'r blaen, ydyn ni? Ble y'n ni'n rhoi cychwyn ar bethe? Beth am ddechre 'da'r banc 'te?

Draw i weud y cwbwl wrthyn nhw a'r dystysgrif yn 'y mag. Sefyll yn y cyntedd, dechre gweud fy neges a sylweddoli 'mod i'n llefen glaw tu fewn a sblasho dagre ar eu leino nhw. Ac wy ddim yn gallu helpu'n hunan. Wy'n sefyll ar ganol y llawr a holl gwsmeriaid bore Sadwrn yn gwylio menyw yn ei hoed a'i hamser yn neud sŵn fel plentyn a'r ig arno, y geirie'n powlio mas.

'I didn't mean to ... he died ... he just died ...'

'I'm so sorry,' medd y fenyw fach, stiff, sy'n gorffod delio gyda'r sefyllfa yn y dderbynfa ar ddydd Sadwrn fel hyn. Dyw hi ddim yn cael ei thalu digon i hyn.

'So am I,' meddwn i a ffaelu meddwl am ddim arall i'w weud.

Trefnu dyddiad i gwrdd er mwyn rhoi pethe'n streit a meddwl am ddirwyn pethe i ben. Penderfynu bydd yn rhaid i fi fod yn well na hyn bryd hynny.

Sgrablo 'nôl am dir y byw wedyn a gadael y meirw i'w pethe.

*

Heddi, ma gen i deimlad 'mod i ar 'y mhen 'yn hunan yn llwyr, yn unig, nad oes gen i neb yn y byd, er 'mod i'n gwbod nad yw hynny'n wir. Ac wy'n cofio'r stori am y cerdyn ddaeth drwy'r post pan oedd e'n grwt bach oddi wrth ryw dylwth neu'i gilydd pan ethon nhw i aros ar eu gwylie i Bontypridd. Ar y blaen roedd llun du a gwyn o fabi bochdew, bodlon, a 'Greetings from Pontypridd!' yn gyfarchiad *jaunty* arno. Fe roddwyd y cerdyn ar y seld yn y gegin mewn tŷ teras bach ar lawr y cwm a buodd y crwt llygaid tywyll yn edrych ar y cerdyn a'r babi o Bontypridd arno heb weud dim, bob tro fydde fe'n ishte i gael bwyd neu'n dod i gael sgwrs wrth y ford gyda'i fam a'i dad.

'Pwy sy 'da babi Pontypridd 'te?' gofynnodd e un diwrnod o ganol ei feddylie.

'Beth ti'n feddwl, bach?' medde'i fam gan aros, ei phen yn llawn prysurdeb, at ei pheneline mewn neud rhywbeth neu'i gilydd. 'Y babi ar y cerdyn?'

'O's teulu 'da fe?'

'Wel, sa i'n gwbod ... Siŵr o fod.'

Tawelwch. Meddwl tamed yn fwy. Dod i gasgliad.

'Sneb 'da babi Pontypridd.'

'O? Gwed ti. Ond wy'n siŵr bod mam a thad 'dag e.'

Yn y llofft y noson honno, wedi gwisgo'i byjamas a dringo i'w wely'n barod i roi ei ben bach lawr i gysgu, dechre llefen fel 'se ddim fory ar ddod.

'Dere nawr. Beth sy mater?'

'Sneb 'da babi Pontypridd. Neb o gwbwl ... A sneb 'da fi chwaith.'

A'r noson honno, fedrodd ei fam ddim cysuro na darbwyllo'r crwt bod ganddo fe deulu o'i gwmpas oedd yn ei garu fe. Dros y blynyddoedd, er i'r teulu hwnnw helaethu a llenwi ei fywyd e'n llwyr gydag antics a gamocs, weithie bydde'i lygaid tywyll e'n cymylu a'r ysbryd yn suddo'n bell islaw'r brynie; bryd hynny bydde angen ei atgoffa fe bod ganddo fe rywrai, bod ganddo bobol yn glòs o'i gwmpas, ac nad oedd e ar ei ben ei hunan.

Heno, os nad oes neb 'da babi Pontypridd o hyd, wel does neb 'da fi chwaith – wy'n teimlo ar goll, heb angor. A fedr neb weud fel arall. Wy'n blentyn amddifad mewn oed. 'Na beth sili i weud. Ond pan nad oes neb yn edrych, wy'n arllwys 'y nagre dros y llawr nes bod y stafell yn morio ac yn cario'r holl gelfi, y llyfre, y planhigion a phethe'r plant bant ar y llif, lawr i gwrdd â'r afon ac ar y cerrynt, draw yr holl ffordd i Bontypridd.

*

Beth am drip draw i'r fynwent, medde fi. Mae'n ŵyl y banc. Gadewch i ni fynd fel teulu. Wy'n desbret i dreial neud i bethe ymddangos fel tase pob dim fel yr oedd e. Bydde fe a fi wedi mynd am drip yn y car, draw i weld y beddau ta p'un 'ny. Dim ond galw i weud helô wrth y bobol yno fydden ni'n neud ein dau. Pum bwnsied o flode a mynd o fedd i fedd. Jyst mynd ein dau i neud yn siŵr fod pawb yn iawn yn y man ble ma'n nhw, pawb yn deidi. Trip yn y car, lan dros y mynydd, goglish ceseilie'r cymyle, a lawr hyd y cwm er mwyn sefyll ar lethr y fynwent yn c'nesu'n yr haul – ma hi wastad yn heulog yno – ac edrych draw dros ribidires y strydoedd llawn bywyde cymhleth ar y gwaelod, sy'n edrych yn od o syml o'r fan hon.

Ethon ni cyn y Nadolig â'n blode cochion pert, tynnu'n llunie ni wrth bob un bedd, wrth gwrs, wel, roedd e'n arferiad erbyn hynny – beddau'r hen bobol, y rhai nad o'n ni blant wedi cwrdd â nhw erioed, y rhai fuodd farw cyn i ni fod, ond y rhai y bydde fe'n mynnu clymu cwlwm nabod o'u cwmpas i'w cadw nhw'n agos ato. Achos bydde fe'n lico treulio amser yng nghwmni'r meirw, doedd dim i'w ofni yno.

Tynnu llunie o'r un beddau bob tro ond neud yn siŵr ein bod ni yn y llunie hefyd achos er nad yw gwên gamera *rictus* rewedig y meirw'n newid o flwyddyn i flwyddyn, yr euro'n pylu gyda'r tymhorau rhyw damed ar y geirie, falle, ma'r byw yn newid bob tro a dyna'r diléit, gweld shwd ma pawb yn prifio. Ac fe aeth yn draddodiad i bwy bynnag oedd ar y trip i'r fynwent i dyrru at ei gilydd er mwyn tynnu llunie. Pawb yn gwenu i gofio – ni'n neud e'n reddfol nawr, sdim ishe gofyn.

Dryches i ar y set ola o lunie'r bore 'ma, y rhai a dynnwyd gydag e a'r bytis beddau. Er, o'n i ddim yn gwbod ein bod ni'n mynd am y tro ola. Dim ond fe a fi aeth y tro 'na. Alle fe ddim cyrraedd at ambell fedd, felly o'n i'n tynnu selffis gydag e yn y cefndir fel presenoldeb cyson, pell. Cap ar ei ben, ffon yn ei law, gwên gynnil ar ei wyneb, yn pwyso i un ochor rhyw gymaint fel pob tro arall, listio fel llong ar fancyn llaid. Ar ôl dod adre'r diwrnod hwnnw, fe chwerthinon ni i gyd fel twpsod ar y cysgod o ddyn ym mhob un o'r llunie, yn sefyll boerad bant o bob un bedd. Ni ddim yn chwerthin nawr.

Y llunie hynny nath i fi feddwl bod rhaid mynd i'r fynwent heddi.

Ac fe ethon. Roion ni'r blode. Dynnon ni'r llunie. Wenes i, er bod dagre'n mynnu tasgu mas. Nethon ni bopeth fel o'n ni'n arfer neud. Ond doedd e ddim yr un peth. Roedd rhywbeth ar goll. Ac o'n i'n drist ac yn grac 'da'n hunan ar yr un pryd, 'mod i wedi treial neud i bopeth fod yn olréit ac wedi ffaelu.

*

Gyda'r nos, wy'n falch 'mod i'n gallu cysgu, wy'n cwmpo drwy dwll yn y cwrlid i rywle arall, fel ryw Alys fawr, flêr. Wy'n glanio yng nghanol byd lle wy fel tasen i ar ddi-hun ond wy'n gwbod yn iawn nad ydw i.

Reit, bant â fi ar hyd 'y mreuddwyd, ma pethe i'w gneud, pobol i'w gweld ... rhywun penodol. Wy ishe cyrraedd cyn i fi ddeffro. Rhaid i fi ddelifero rhywbeth i rywun, sdim ots beth, ond ma fe'n bwysig. Cyrraedd ... 'Newydd adael,' meddai rhywun. Damo!

Bant â fi eto ac wrth fynd ar hyd yr hewl ... wy'n cerdded heibio ffenest swyddfa, ac wy'n ei weld e yno, yn plygu'i ben ... gweithio ar rywbeth. Sgrechen i stop a dechre ffusto ar y ffenest; ma fe'n codi ei ben ac edrych yn syth ata i, fel tase fe'n 'y ngweld i, ond dyw e ddim. Mae'n sefyll ar ei draed a chamu mas o'r stafell. Sdim ffordd 'da fi i fynd mewn, sdim drws ar y stryd. Wy'n panico ...

Lawr yr hewl â fi ... lawr y bryn ... dal i fynd ... gwbod bydd yn rhaid i fi groesi afon yn y man ... ma pont ... diolch byth. Croesi i'r ochor draw, edrych lawr ar lif yr afon, a 'co fe eto – mewn cwch tro 'ma – wedi'i wisgo mewn lifre. Nelson, myn yffach i! Mae'n rhoi salíwt i'r lan naill ochor, ni'n dala llygaid ein gilydd ac mae'n taflu winc tuag ata i. Welodd e fi! Wy'n galw, yn gweiddi sawl tro ond ma'r cyfan yn cael ei gario ar y gwynt ac yn taro clustiau diadell o ddefaid syn mewn cae gyferbyn.

Gwbod bod yn rhaid i fi gyrraedd ble bynnag cyn bore, mae'n rhaid i'r rhywbeth pwysig ga'l ei ddelifero. Wy ddim yn gwbod beth yw e, ond wy'n gwbod ei fod yn bwysig.

Mae'n dechre nosi yn 'y nghwsg. Ma 'na neuadd draw yn y pellter yn llosg gan olau – cyfarfod yn digwydd siŵr o fod – af i draw fanna ... Drwy'r drws ... a 'co fe'n sefyll ar y llwyfan yn areithio; mae'n amlwg ei fod yn cael derbyniad brwd achos ma pawb yn gwrando'n astud. Mae'n siarad yn glir a phwyllog ond ma fe'n pefrio. Wy'n sefyll yng nghefen stafell dan-ei-sang. Wy ffaelu symud, wy'n stond, wy'n aros i wrando er sdim syniad 'da fi beth yw'r geirie. Ond wy yn rhyfeddu. Dyma 'nhad i, bobol! Welwch chi? Hwn yw e!

Mae'n gorffen ac yn ishte lawr ac ma'r gynulleidfa ar eu traed yn cymeradwyo ac yna, wy'n colli golwg arno fe drwy'r dyrfa, mae'n diflannu. Alla i ddim â gweld drwy'r goedwig o gyrff, ac yn sydyn does neb yn y neuadd, mae'n wag ... wy'n wag ... Aeth y deliferi'n angof, er, mae'n dal yn 'yn llaw i, ond sdim ots nawr.

Wy'n deffro, yn shwps ar ôl yr holl ymdrech.

Drwy'r dydd wy'n byw'r freuddwyd eto, dro ar ôl tro, wy'n *gwbod* y gweles i fe neithiwr ac wy'n *gwbod* y gwelodd e fi. Ma fe'n dal yma o hyd mae'n rhaid, achos wy'n ffaelu deall os yw'r holl ynni wedi diflannu, wel i ble'r aeth e 'te? A dim ond arwydd sy ishe arna i, arwydd i ddangos ei fod e'n dal i fod ambythdi'r lle.

*

Wy ishe jyst ... codi'r ffôn a galw, er mwyn clywed ei lais e eto, jyst er mwyn gweud, 'Haia, jyst ffono i weud helô ... wel 'na ni 'te ... "helô" ... a ta-ta!' A chwerthin wedyn, cyn rhoi'r ffôn lawr a'r ddau ohonon ni'n gwenu ar ein gilydd naill ben i'r lein doredig. Achos bydde jyst galw i neud yn siŵr ei fod e'n ateb yn ddigon am y diwrnod hwnnw. Ond sneb ar ben arall y lein.

Ac wy jyst ... ishe ... codi'r ffôn eto, ac eto, ac eto; bob tro wy'n clywed rhaglen ddifyr ar y radio am rywbeth. Dim ond un frawddeg, 'Odych chi'n gwrando ar y radio?'

'Odw.'

'Gwd.' A rhoi'r ffôn lawr glatsh, achos 'mod i'n gwbod ei fod yn cael yr un hwyl â fi ar daith slic y geirie sy'n morio dros y tonfeddi.

Codi'r ffôn er mwyn cadw realiti bant hyd braich am ryw damed bach eto. Cadw'r gwirionedd i aros rownd y gornel draw fanna rhywle, ble na alla i ei weld e, yn hongian ambythdi fel rhyw grwt di-ddim mewn *hoodie* a'i drowser yn gorwedd yn chwerthinllyd o isel ar foche 'i din gan ddangos ei bants yn ewn i'r byd. Wy'n gwbod ei fod e yno, jyst 'mod i ffaelu'i weld e.

Edrych ar y ffôn yn fy llaw ac ystyried, allen i wasgu'r rhif i alw arno fe ac aros i weld. Fydde dim niwed yn hynny, sbo. A falle fydde fe'n ateb.

Ma'r ffôn yn canu, sawl gwaith, yr un ddeu-dôn ddiflas yn fy nghlust. Wy'n treial dychmygu sut mae'n swnio'r pen arall, os yw ffôn yn canu mewn tŷ gwag, a yw'n canu o gwbwl? Yna'r Saesnes ddierth yn ymddiheuro, heb wir ei feddwl e, nad oes neb 'na, 'I'm sorry ...' Am siom, siom, siom. Sneb 'na, a theimlo'r siom hwnnw'n gwasgu lawr tu fewn jyst rhyw damed bach-bach yn gonsertina pathetig, rybish. Ac yna hanner eiliad o feddwl y dylen i adael neges ar y ffôn iddo'i chodi pan ddele fe 'nôl o ble bynnag ma fe, a'r meddwl bach gobeithiol hwnnw'n hedfan heibio a'i blu'n goglish 'y nhrwyn fel jôc ac wy'n ymladd-ymladd yr ysfa i neud hyd nes bod clyme yn 'y mhen i, achos go iawn wy'n gwbod na ddaw e i glywed. A gwbod mai dim ond tarth oer yr anghofio sy'n symud yn ddibwrpas ambythdi'r tŷ fel Alzheimer's o stafell i stafell. A phob dim yn llonydd-llonydd, yn gwmws fel tase fe newydd gamu mas drwy'r drws i hôl rhywbeth o'r lein neu i ddala pelydrau ola'r dydd ar y fainc ar y teras tu fas yn ei het griced gomig. Ddaw e 'nôl whap. Ond ddaw e ddim, na ddaw? Ac awyrgylch marw'r tŷ a'i ddrewdod hynafol yn llwydo'r galon nes alla i ei theimlo'n crebachu oddi mewn i fi ac mae'n curo tamed bach yn arafach, jyst tamed bach, ond dyw hi ddim yn dod i stop, ddim eto. Ddim ... cweit ... eto. Ac fe alla i weld y blip-blip-blip gwyrdd ar fy monitor personol i'n dangos bod gen i bellter i fynd eto, hewled o ffordd ac nad yw'r blip-blips am ddod i ben nawr, ddim heddi ta p'un 'ny. Wy'n llyncu 'mhoer.

*

Wy'n edrych fel pentwr o hen bethe anniben bore 'ma. Ma 'ngwallt i dros bob man, dim byd yn reit rywsut ac wy'n tasgu ar hyd y draffordd ar y ffordd i'r gwaith. Cymryd cip sydyn arna i'n hunan yn y drych – ti'n edrych yn fersiwn tristach a henach ohonat ti dy hunan, groten; fe wnei di'r tro, sbo, bydd rhaid i ti.

Ac o nunlle ma ton o hiraeth yn dod drosta i ac yn chwalu ar draws y *dashboard* o mla'n i. Ble ma fe yn y byd mawr unig hwn? Ac yn fwy na dim, wy moyn bod e'n rhannu car 'da fi nawr. Ma'r haul yn gwenu, tywydd da am drip. I ble'r ewn ni 'te? wy'n jocan 'da fi'n hunan. Wy'n edrych yn slei drwy gil fy llygaid ar sêt y pasenjyr, yn dymuno'i fod e 'ma gyda fi yn yr hen groc o gar. A 'co fe, ma fe'n ishte nesa ata i. Ciledrych 'to ... ydy, ma fe, wy'n twyllo'n hunan. Ffon yn ei law, cap ar ei ben-glin. Bant â ni. Ma awyr heddi yn las fel glas hapus, neu las dechre gwylie haf slawer dydd.

Ewn ni lan dros y mynydd a lawr ar hyd y cwm, ife? Beth am ginio yn y Bracchis? Wy'n gwbod am gaffi newydd. Ddilynwn ni'n trwyne. Ble bynnag licech chi fynd. Gewn ni ddiwrnod, jyst ni'n dau.

Cyrraedd y troad bant i'r gwaith a gwbod o'r gore nad oes 'na drip i fod heddi, na fydd yna unrhyw drip o hyn mla'n. Dyw e ddim yn ei sedd, sneb yno. Pwy o'n i'n treial ei thwyllo?

Troi am y swyddfa, rhoi 'bach o lipstic mla'n, jyst digon i guddio tu ôl iddo fe, *show willing*, yndife? Treulio gweddill y dydd yn meddwl am y daith na wnes i a ble elen ni tase hi'n wir ac wy'n dala'n hunan yn llefen yn dawel mewn i 'nghyfrifiadur. Sychu'r dagre oddi ar y ddesg cyn daw neb.

*

Dof i ddim 'nôl yn gyfan, ddim byth. Bydd darn bach ar goll, wastad. Teimlo fel 'se fi bellter bant o bob dim call, filltiroedd o unrhyw sens. Ond wy'n meddwl y licen i deimlo'n drist am byth, achos y ffordd 'na, o leia bydd y cof amdano'n fyw. Wy'n teimlo fel rhywun lloerig, yn hollol *obsessed* 'dag e, pallu gadael fynd, ddim ishe.

Teimlo 'mhyls, ma fe yno, ma 'nghalon i'n dal i weithio, er bod crac ynddi.

Teimlo gallen i ddala'n enaid yng nghledr fy llaw, achos ma fe mor fach â physen.

*

Ni wedi dechre treial clirio'r tŷ. Ond ddim treial yn rhy galed.

Sawl tro fuon ni'n mynd draw 'na jyst er mwyn bod yno. Camu mewn i'r ffordd roedd pethe'n arfer bod yn lot rhy rwydd, jyst ishte a jocan fod dim wedi digwydd. Roedd e'n hwyl. Roedd e'n gysur.

Fydden ni'n codi pethe o'u lle ar silff neu mewn cwpwrdd, edrych arnyn nhw, eu dala yn ein dwylo am eiliad i graffu, yna'u rhoi nhw 'nôl yn gwmws ble'r o'n nhw'n byw. Achos ar hyn o bryd, smo ni'n gwbod yn iawn beth i neud â'r holl drugaredde er mai ni pia nhw nawr. Rho nhw 'nôl, neu gei di row. Digon o chwerthin ac 'Aaaaa! Ti'n cofio hwn?' a 'Heb weld hwn ers hydoedd!'

Ambell noson, fues i hyd yn oed yn mynd draw a jocan 'mod i'n gwylio *Pobol y Cwm* gydag e. Setlo, gyda sŵn cyfarwydd y gerddoriaeth yn dechre, yn y gadair gyferbyn â'i gadair e ac ymdoddi i fyd normal abnormal y criw anghyffredin o gyffredin sy'n byw yng Nghwmderi. Wy'n esgus 'mod i'n gallu ei weld e yn yr hanner gwyll.

'Paid â gweud gair nes bod y bennod ar ben.' Wy'n caead 'y ngheg, gwylio a joio. Aros 'sbo'r *credits* ola ac yna diolch iddo am adael i fi wylio gydag e.

Wela i chi fory.

Bydde 'na'n lyfli. Ac wy'n cau'r drws yn dawel ar 'yn ôl.

Bydden i'n mynd draw'n llawn bwriade 'mod i am neud rhywbeth ac yna cael 'y nhowlu oddi ar 'yn echel gan bethe bach fel y ffaith bod pâr o'i sgidie fe'n dal i fod yn y cyntedd, yn ishte gyda'i gilydd yn bâr bach taclus, aros yn gwmws fel 'se fe am ymddangos o rywle, camu mewn iddyn nhw a martsho mas o'r drws i rywle. Bydden i'n shwps wedyn.

A wedyn weithie, bydden i'n ishte lawr yn ei gadair e a dishgwl iddo ymddangos, er mwyn i fi orffod codi a symud i sedd arall yn llawn grwgnach.

Rho sgwt i'r drws, 'nei di? Ma drafft yn dod o rywle. Tuchan, a chodi o'n anfodd bryd 'ny ... Roien i'r byd am roi sawl sgwt i'r drws nawr.

Steddes i lawr ar y soffa wrth y ffenest un pnawn, gyda bod gole'r dydd yn pallu. Dechre whilmentan ar silff a ffindo bag colur Mam, dyna ble roedd hi'n cadw'i hwyneb rhag ofan dele fisitors, pan aeth hi'n dost. A bydde fe'n watsho'i wraig yn mynd yn wannach ac yn wannach bob dydd a hithe'n becso llai a llai am shwd oedd hi'n edrych. Yn y diwedd ga'th y bag colur fod, a'i anghofio nes i fi ffindo fe 'to ac edrych ar y lipstic a'i liw cynnes oedd yn atgoffa fi o Mam a'i chusane parod a'i chwtshys i bawb. Ac yn sydyn, ma'r ddau ohonyn nhw 'nôl yn y stafell gyda fi ac mae'n lyfli, a tasen i'n gallu rhewi amser, nawr, fan hyn, fydden i'n neud. Y tri ohonon ni yn y stafell 'ma am byth a galle pwy bynnag fydde ishe alw draw. Cyn belled â'u bod nhw'n cofio rhoi sgwt i'r drws.

*

Mynd mas i gerdded er mwyn dihengyd oddi wrth yr amser a'r munude sy'n gwasgu arna i. Smo 'nghorff i ishe ond ma 'mhen i wedi cyrraedd rownd y gornel cyn i fi adael. Mas i'r nos a'i smwclaw. Ma gan bob lamp halo amdani heno.

Wy'n cerdded llwybr anghyfarwydd y tro 'ma, tramwyo strydoedd nad oes gen i'r un adnabyddiaeth ohonyn nhw fel y rhai wy'n arfer eu cerdded. Lle taclus o gymen sydd fan hyn. Ma'r *semis* yn y clos yn glynu i'w gilydd fel efeilliaid mewn croth. Ac ma'r cyfan yn edrych yn ecsotig o ddierth, y swbwrbia 'ma wy'n hanner cyfarwydd ag e. Ma coed palmwydd yng ngerddi rhai hyd yn oed, ac wy wastad wedi meddwl fod coed palmwydd yn arwydd o steil ecsotig. Y gerddi'n goleuo yn y nos yn swyno â'u cadwyni goleuade-pert-y-tylwyth-teg wrth i fi gerdded yn ddi-sŵn heibio, ac wy'n cael cip ar du fewn y tai, eu cynhesrwydd a'u bywyde diddos.

Cyrraedd cornel nad wy wedi'i rowndo erioed o'r blaen ac wy'n ei weld e yno, yn aros amdana i. Dad. Shwd mai fan hyn ma fe, o bob man yn y byd? Beth tasen i heb gerdded y ffordd hyn? Wy'n cloi'n llygaid i am ei lygaid e'r tro 'ma a ddim yn gadael iddyn nhw grwydro bant fel o'r blaen. Wy'n benderfynol o gyrraedd draw cyn blinco. Mae'n estyn ei law ac yn pato'r wal i fi gael ishte arni.

'Ddest ti 'te.'

'Chi'n lwcus mai ffor' hyn ddes i.'

'O'n i'n gwbod ddelet ti.'

'Gwbod popeth, yn dy'ch chi?'

'Neis fan hyn. Tawel.'

Ac alla i jyst ddim credu 'mod i'n ishte ar wal gydag e, a'r naill na'r llall ohonon ni'n nabod neb yn y parthe 'ma. O'n i ddim yn dishgwl hyn ... Ac eto ... ac eto, ma fe'n teimlo fel rhywbeth hollol naturiol i'w neud, ishte fan hyn, gyda 'nhad, a'r nos yn gwmni i ni'n dau. Wy'n penderfynu bihafio fel 'se hyn yn hollol normal.

'O'n i'n meddwl bo' chi wedi marw.'

'A, ie, wy'n gwbod. Ma hwnna yn rhyfedd.'

'A 'na i gyd sy 'da chi i weud am hynny?'

'Ie, wy'n credu. Am y tro.'

'Na ddiwedd ar hynny 'te.

Ni'n ishte am damed jyst yn pwyso ar ein gilydd, ysgwydd yn ysgwydd, ac ma hwnna'n braf, mor braf. Alla i deimlo'i wres e'n dod drwy 'nghot i. Sa i'n edrych arno fe am oesoedd achos wy'n ofan nad yw e yno ac mai dychmygu ydw i. Alla i ei glywed e'n anadlu ar 'y mhwys i, anadl ysgafn a chyflym fel tase fe newydd redeg ras, ond wy'n gwbod nad yw e, jyst bod yr hen fegin yn gweithio'n galed am ei bod hi'n galon friw. Ac wedyn wy'n penderfynu troi i edrych, rhag ofan 'mod i'n cafflo a drysu. Na ... fe sy 'na, fe. Fe. Ma'r glaw yn diferu oddi ar flaen ei drwyn e, hongian yno am ache, disgleirio fel diemwnt gwlyb, yna cwmpo a rholio lawr *zip* ei got *Italian* e.

'*Typical*, sdim neisied 'da fi.'

'Defnyddiwch 'ych llewys 'te.'

'Gwd plan.'

Hoples. Shwd ma fe'n drychyd ar ôl ei hunan nawr bo' fe wedi marw?

'Ti am ddod am dro?'

'Ble ni'n mynd?'

'Ddim yn bell, alla i ddim cerdded lot.'

Bant â ni'n ara bach, yn mynd yn ei bwyse fe, sy ddim yn glou, alla i weud hynny. Ac wy'n cofio shwd bydde cerdded gydag e yn yr wythnose ola yn beth tu hwnt o araf a bydde'r byd yn cael mynd ar 'i sbid ei hunan. Ar hyd yr hewl nes bo' ni'n cyrraedd rhan fwy cyfarwydd o'r dre, heibio i'r cathod *standoffish* sy'n codi eu trwyne arnon ni, gan osgoi bagie sbwriel sawrus y gymdogaeth sy'n bygwth chwydu eu gyts nhw mas dros y pafin.

'Noson bins heno. Alli di alw rownd i'r tŷ i'w rhoi nhw mas?'

'Gallaf. Rhwbeth arall?'

'Bananas. Wy'n dechre rhedeg mas.'

'Chi'n dal i fyta bananas?'

'Ma'n nhw'n dda i ti.'

'O'n i ddim yn gwbod bod bananas yn rhwbeth fydde ar restr rhywun wedi iddyn nhw farw. Ddim yn meddwl y bydden nhw'n *priority*.'

'Lot o bethe ti ddim yn 'u gwbod.'

'O's, sbo.'

Ni'n cerdded heibio i stadau tai ifanc sy wedi ymddangos yn sydyn, llinynnau newydd yn rhwydwaith y dre.

'O'n i ddim yn gwbod bod rhain 'ma. Ers pryd?'

'Ers tamed bach, sbo. Sa i wedi sylwi arnyn nhw a gweud y gwir.'

'Yr holl fywyde newydd yn dod i'r dre 'ma. Pobol sy'n

ddierth i ddechre, byddan nhw'n dod ac yn magu'u teuluoedd yn y dre hon a nhw fydd yn berchen arni am damed wedyn. Fuon ni mor hapus yma. Gafon ni fywyd da, yn do?'

Fe adeiladoch chi fydysawd cyfan i ni 'ma, chi a Mam. Dyna wy moyn gweud, ond sa i yn gweud dim achos sdim geirie'n dod mas. Ma'r ddau ohonon ni'n dal i gerdded, yn taro'r un rhythm 'da'n traed ar y palmant a fel tasen ni'n breuddwydio'r un freuddwyd.

'Dere, gad i ni slipo mewn fan hyn,' medde fe'n sydyn, troi a diflannu tu ôl i glawdd a bincwyd yn gymen. Am eiliad fach alla i ddim ei weld e ac wy'n siomi a meddwl 'mod i wedi'i golli e. Damo!

'Siapa hi, ferch.'

'Tŷ rhywun yw hwnna, Dad!'

'Paid â becso, welan nhw mohonat ti, mae'n dywyll.'

Ac ar ei anogaeth e wy'n tresmasu'n betrus ar dir rhywun arall, gan obeithio bydd y nos yn cadw'n cyfrinach ni.

'Beth weli di?'

Wy'n pipo drwy ffenest cegin yng nghefen y tŷ. Yn swil i ddechre, wedyn yn fwy ewn. Mae'n bwrw tu fas, fydd pwy bynnag sy ar y tu fewn ddim ishe edrych mas i bydew gwlyb y nos.

'Teulu. Plant. Mam a thad.'

'Stedda lawr 'te. Joia.'

Ac ma'r ddau ohonon ni'n closio ar fainc ar y patio a pharatoi i wylio'r theatr ddomestig ddiddig. Mae'n edrych mor hyfryd, yn gynnes a hapus. Y crwt lleia'n neud ei waith cartref wrth y ford, ei ben bach e'n plygu dros y papur; ma fe'n stico'i dafod mas i ddangos ei fod e'n canolbwyntio. Bob nawr ac yn y man, ma fe'n codi ei ben a galw ar ei fam am help. Ma hi'n troi bant o beth bynnag ma hi'n neud wrth y ffwrn i'w helpu, ma'n nhw'n chwerthin am rywbeth neu'i gilydd ac yn y chwerthiniad hynny, wy'n teimlo bod cwlwm eu perthyn nhw'n tynhau rhyw damed bach. Mae'n tynnu ar 'y nghalon i.

Wy'n sylwi bod y gegin yn edrych yn un gysurus iawn. Bwrdd mawr pren yn y canol sy'n casglu atgofion teulu gyda phob crafiad a marc arno. Llunie gan blantos yn addurno'r wal, y cypyrddau'n llawn bwydach a chynhwysion. Cwpwrdd deuddarn pert yn showan off crochenwaith a phob math o gwpanau a dysglau o sawl cyfnod. Celfi cegin yn eu priod le; llwyau pren o bob arlliw, cyllyll o bob maint, offer coginio'n sgleinio wedi'u sgwrio'n lân. Ma lle i bob dim a phopeth yn edrych mor groesawus yn y golau cynnes – soffa mewn un gornel a phlanhigyn yn pwyso'n anniben dros ei braich. Alla i dyngu 'mod i'n gallu arogli pethe'n coginio drwy'r ffenest ac mae'n codi archwaeth arna i i gael blas o'r bywyd braf hwn.

Ni'n gwylio calon y tŷ'n pwmpo, yn anfon cariad mas i bob stafell, a chynhesu'r rhai sy tu hwnt i'n golwg ni.

Ma crwt mwy o faint yn dod mewn i'r stafell â llond ei freichie o gath flewog anfodlon, ma fe wedi rhoi clogyn amdani ac yn treial argyhoeddi'r teulu bod y gath yn gallu hedfan. Dacw Siwpyr-Cath! Ac am ychydig ma pethe'n mynd yn flêr yn y gegin. Ffwr, crafangau a miaws blin ym mhobman. Dyw'r gath ddim yn teimlo'n siwpyr iawn ac ma hi'n tasgu o 'na'n glou gan adael dim ar ei hôl ond clogyn a thamed o flewiach. Heb arwr i achub y byd, ma'r brawd mawr yn troi ei olygon at ei frawd bach. Wnaiff *e'r* tro. Mae'n clymu'r clogyn am wddw ei frawd ac yn galw ar ei dad i ddod i helpu cael ei frawd i hedfan er mwyn achub y byd.

Daw Dad o rywle, mae'n troi ei ben i wrando ar y cyfarwyddiade, mae'n nodio ac yn cydsynio â'r cynllun. A lan â'r un bach i'r entrych. Ife aderyn yw e? Ife awyren? Nage siŵr! Ond ... Siwpyr-Grwt!

Ma fe'n rhuo drwy'r awyr yn nwylo ei dad, dros y ford, lawr heibio'i fam, dod i stop a glanio fel doli glwt ar y soffa yn shwps o ddribls a straeon anhygoel am fod yn bencampwr y byd.

Tu fas, allwn ni ddim clywed chwerthin y teulu bach, allwn ni ddim clywed beth ma'n nhw'n ddweud chwaith, ond fe allwn ni deimlo'r cynhesrwydd, ei weld e, bron. Mae'n beth mor hyfryd, jyst ishte 'ma yng ngardd pobol ddierth yn gweld un teulu'n bwrw'u golau nhw mas i'r byd.

'Ti'n cofio beth o'dd Mam yn arfer weud am edrych mewn i dai pobol eraill?'

'Bod hi ffaelu help busnesan, achos mai un fel'na o'dd hi?'

'Nage'r dwpsen. O'dd hi'n arfer gweud nad busnesan o'dd hi ond rhannu yng nghynhesrwydd pobol. A ti'n cofio, fydde hi'n gweud bod digon o bethe ofnadw'n digwydd yn yr hen fyd 'ma, fel bod ishe pipo mewn i fywyde pobol i weld tamed bach o gariad weithie.'

'Wy yn cofio. Jyst wyndro os o'ch *chi*'n cofio o'n i.'

'Wy'n gallu cofio popeth wedodd dy fam. Pob dim. Achos hebddi hi, o'n i'n hanner person, llai. O'n i'n sgrapyn bach o ddim. Hi nath neud fi'n pwy o'n i.'

'Ie, wy'n gwbod. Hi nath neud pob un ohonon ni'n

pwy y'n ni, p'un ai'n bod ni ishe cyfadde hynny ai peidio. O'dd hi'n glyfar fel'na.'

'Ie, er, alla i ddim yn 'y myw â gweud shwd o'dd hi'n neud e chwaith.'

'Jyst dod yn naturiol, sbo.'

Ni'n dau'n mynd yn dawel am sbel a jyst meddwl am bethe'n hunain.

'Amser mynd, wy'n credu. Wnei di hebrwng fi adre?'

'Wrth gwrs.'

A ni'n dechre ar ein ffordd yn araf-araf, achos ma digon o amser gyda ni heno. Ac wy'n fodlon mestyn ar yr amser hwnnw er mwyn aros fel hyn, jyst ni'n dau. Ma'r nos yn gyfan 'da ni.

Smo ni'n gweud lot o ddim ar y ffordd, jyst matshio'n camau hamddenol ar yr hewl a gweld y lleuad yn pipo arnon ni'n llawn syndod; fe gadwiff hi'r gyfrinach.

Ni'n cyrraedd y tŷ.

'Fydda i'n iawn nawr. Cer di.'

Wy'n petruso. 'Odych chi'n mynd mewn?'

'Rhwbeth fel'na.'

'Odych chi am fod ambythdi'r lle eto 'te?'

'O, siŵr o fod. Siŵr o fod.'

Ma hwnna'n ddigon i fi ac wy'n parhau ar hyd yr hewl sha thre. Troi i edrych 'nôl a neud yn siŵr ei fod e'n olréit a'i weld e'n sefyll ar ganol y ffordd yn codi ei law arna i, 'nôl a mla'n, mewn *slow motion* uwch ei ben nes bo' fi'n mynd rownd y gornel ac yna, jyst fel 'na, ma fe'n diflannu o 'ngolwg i.

Cyrraedd y tŷ, agor y drws, wy 'nôl yn heddi go iawn ac alla i jyst ddim â bod yn siŵr a wnes i dreulio amser yng nghwmni 'nhad a fynte wedi marw ai peidio. Ma'r cof, neu'r hanner cofio amdano ac am ishte ar wal mewn gardd rhywle yn y dre 'ma gydag e, yn neud i fi wenu.

'Popeth yn iawn?' meddet ti o'r soffa.

'Ody, popeth yn iawn.'

*

Ar ôl i Mam farw, fuodd e ar goll yn hollol. Doedd ganddo fe ddim angor ac o'n i'n gwbod nad o'n ni blant yn ddigon. O'n i'n mynd yn eitha desbret, ishe'i dynnu fe 'nôl i fan hyn, i fod gyda ni, i joio heddi. Wy'n cofio bod ag obsesiwn bod yn rhaid i ni neud pethe am y tro cynta. Achos, sdim ots pa mor hen y'ch chi, chi byth yn rhy hen i neud pethe am y tro cynta. A fydden i'n llusgo'r pwr dab i lefydd jyst er mwyn profi fod hynny'n wir.

Ac wy'n meddwl am y cynllunie oedd gen i am eleni a'r flwyddyn nesa a'r un wedyn am drips i fan hyn a fan 'co. Y llefydd o'n i am fynd ag e iddyn nhw achos o'n i'n gwbod y bydde fe wedi lico ac felly o'n i'n gwbod y bydden i wedi lico hefyd. Bydd rhaid i fi fynd 'yn hunan nawr a fydd hwnna ddim yr un peth, ddim am sbel ta p'un 'ny.

Ond fe nethon ni bethe ridiciwlys.

'Odych chi wedi bod i barti seryddol ganol nos erio'd?'

'Nagw,' medde fe mewn llais bach gwan. Roedd e'n gwbod pryd i beidio gwrthwynebu.

'Na fi. Reit! Odych chi wedi bod i ga'l *drive-thru* McDonald's?'

'Wel ...'

'Pidwch â bod yn sofft, nag y'ch, fi'n gwbod nad y'ch chi. Wel, ni'n mynd.'

Ac fe ethon, un nosweth sersog, i syllu ar y sêr yng

nghwmni criw o nyrds brwdfrydig o'r SAS – y Swansea Astrological Society, *innit* – mewn hetie gwlanog a weuwyd gan eu mamau. Ro'n nhw'n barod â'u fflasgs o goffi, a'r telesgops anfertha welwyd erioed, digon mawr i alw chi arnyn nhw. Ro'n nhw'n barod i ddawnsio drwy'r wybren gyda ni a dangos y ffordd drwy lwybrau'n cysawd ni. A fuon ni'n edrych ar blaned Sadwrn a'i chylchoedd hardd a'r clystyrau pert o ddiemwntiau'n winco. Fues i'n edrych arno fe'n pipo lawr y lens ac ebychu pan wele fe rywbeth anhygoel, allen i ei ddychmygu fe'n blentyn yn breuddwydio o ffenest ei stafell wely ambythdi'r bydysawd tu hwnt i'w fan hyn bach e. Nath hwnna i fi deimlo mor dda am eiliad, fel 'sen i wedi llwyddo i roi tamed bach o'i fyd e 'nôl at ei gilydd.

Galw draw i gegin Ronald McDonald ar y ffordd gytre a chael pryd bach *cheeky* o'r *drive-thru* ar gyrion y dre. Rhywbeth arall i'w ychwanegu at y rhestr neud-pethe-am-y-tro-cynta, heb feddwl ein bod ni'n paratoi i neud pethe am y tro ola 'run pryd.

Ishte wrth ford y gegin a'n bolie'n llawn fflwcs.

'Beth o'ch chi'n feddwl o'r profiade newydd 'te?'

Saib.

'Iawn ... Er, fydd dim rhaid i ni fynd i McDonald's eto. Wy wedi neud hwnna nawr.'

*

Mae'n dechre nosi, wy'n mynd i sefyll yng ngardd y tŷ tywyll ac edrych ar y tyfiant yno. Mae'n syndod cymaint ma'r cyfan wedi prifio ers bod neb yn byw yn y tŷ, mae'n digwydd yn glou. Y mieri, yr eiddew, y mwsog yn dechre cripad dros bethe. Cau mewn. Ac wy'n sylwi ar egin coeden dderwen sy'n tyfu mewn man dierth, man ble na ddylse fe fod; mae'n fach ac yn hy, yn pwsho'i hunan mewn i ble nad oes croeso iddo. Ac wy'n meddwl na fyse'r dderwen fach ewn ddim wedi gwbod ei geni tase rhywun yn dal i fyw yma, fydde hi wedi cael mynd a theimlo gwres ei gwreiddie. Wedi blynydde o ddiwyllio gardd, mae'n syndod pa mor glou ma'r gwyllt yn ailgydio.

Wy'n cofio dynion yn dod i dorri'r goeden dderwen fawr yn yr ardd pan oedden ni'n blant. Roedd hi'n dderwen anferthol, yn aruthrol. Chwedloniaeth o goeden. O'n ni'n gallu dringo'i boncyff hi ac ishte lan uwch y môr o laswellt a meddwl bo' ni'n anturiaethwyr gwerth sôn amdanon. Roedd hi'n estyn ei changhennau mor uchel tua'r awyr fel na fydde croeso i'r haul ar ôl canol prynhawn a dim ond cysgodion ar lawr. Felly roedd yn rhaid iddi fynd ac fe gafodd ddod lawr, gangen wrth gangen, a dynion mewn helmede'n hongian ar raffe oddi arni'n ei datgymalu'n systematig.

Cofio ishte mewn gwers fioleg yn yr ysgol dros y clawdd o tŷ ni a'i gwylio hi'n mynd yn ddarnau, lwmp wrth lwmp, drwy ffenest y labordy ochor draw'r wal i'n gardd ni a phawb yn y dosbarth yn rhyfeddu gweld ein coeden ni'n cwmpo a bloeddio'n fuddugoliaethus uwch sgrech y llif gyda llorio pob darn. Do'n i ddim yn bloeddio, dim ond gwylio o'n i, fel 'sen i'n gwylio darn o'n teulu ni'n cael ei dorri mewn modd cyhoeddus, a theimlo cywilydd wrth wylio fel tase fe'n rhyw fath o *spectator sport*.

Ar ôl cyrraedd adre ddiwedd y dydd, ethon ni mas i'r ardd i ystyried maint y gyflafan. Roedd y glaswellt yn dyllau pantiog hyll a'r goeden yn gorwedd fel Bendigeidfran brown iwsles ar y lawnt doredig.

Ac er i ni gael hafau hir o haul ar ôl i'r goeden fynd, roedd cysgod yr hen goeden yn dal i fod ar hyd yr ardd.

Troi am y tŷ, datgloi'r drws a chamu mewn. Ac am eiliad, mae'n teimlo'n ddierth, ond wy'n cyfarwyddo ac yn brwydro i ailberchnogi'r tŷ. Mae'n siŵr mai dieithrio oddi wrth yr hen dŷ 'ma fydd yn digwydd o hyn mla'n, yn raddol, ymbellhau nes bo' ni'n colli nabod ar ein gilydd. Ac eto shwd allwn ni adael y tŷ hwn i fynd? Shwd all e beidio â bod yn dŷ i *ni*? Ond, mi ddaw jyst yn unrhyw dŷ cyn bo hir ac fe ddaw teulu arall i fyw 'ma a chreu cartref ac atgofion newydd. Ac wedyn, sgwn i a fydd y tŷ yn ein cofio ni? Tasen ni'n digwydd galw draw 'mhen hir a hwyr a fydde'r tŷ'n rhoi croeso i ni, a fydde fe'n griddfan a symud ei hen styllod wrth synhwyro'n bod ni wedi bod yma o'r blaen? Wy'n meddwl y bydden i'n lico hynny, fel ci yn nabod ei feistr ar ôl blynyddoedd o fod ar wahân.

Ac wedyn, wy'n penderfynu bod ishe dechre datod pethe, ishe dechre dirwyn pethe i ben o ddifri; all y lle 'ma ddim bod yn amgueddfa am byth, er, fe allen ni werthu tocynne a chael te ar y lawnt, sbo. Ddof i 'nôl wythnos nesa i roi start, yn rhywle. Y ffrij, siŵr o fod, mae'n dechre drewi.

*

'Sori bo' ti wedi colli dy dad.' Dyna ddwedodd rhywun wrtha i yn y dre, fel 'sen i wedi bod yn esgeulus a'i adael e'n rhywle. Jyst dilyna dy gamre am sha 'nôl ac fe ffindi fe wedi'i hongian ar ffens gan rywun, yn llipa fel cot anghofiedig a lithrodd mas o dy ddwylo, neu dedi a gwmpodd o freichie plentyn a'i adael yn amddifad ar y pafin.

Ac wy moyn gweud, 'Peidiwch chi â bod mor esgeulus ag y buon ni. Peidiwch chi â gneud peth mor ffôl â cholli'ch rhieni. Cadwch nhw ble gallwch chi 'u gweld nhw, daliwch nhw'n dynn-dynn-dynn a pheidiwch â'u gadel nhw i fynd.'

'Mae'n olréit,' medde fi ond heb ei feddwl e. Ond 'na ni, beth arall sydd i'w weud, mas ar y stryd fel hyn? Wedi'r cwbwl, all holl eirie'r bydysawd ddim dod ag unrhyw un 'nôl yn fyw, ddim yr un enaid marw.

Wy'n teimlo fel tasen i'n borthor rhwng dau fyd ble ma'r meirw'n mynd a dod heb sŵn, yn llithro mewn i'r byd hwn a mas eto pan nad oes neb yn eu gweld nhw, ond fi. 'Nôl a mla'n ma'n nhw'n mynd, mla'n a 'nôl. Ac wy'n ymwybodol o'r holl bobol sy'n tramwyo gyda fi, y rhai sy wedi marw, flynyddoedd cyn i fi fod yn fyw; y rhai nad wy'n eu nabod nhw, ma'n nhw yma yn gysgod i 'mywyd, yn symud heibio i fi bob dydd fel whwsh o anadl.

Y fenyw ddi-ofn, glyfar allai reido moto-beic, neud *mental arithmetic* fel mellten a chware'r piano, ond ddim ar yr un pryd. Y clerc swyddfa â chalon o aur a fesurodd ei fywyd yn ofalus mewn colofnau talu mewn a thalu mas cwmws, yr un freuddwydiodd am ganu ar lwyfannau cyngerdd ym mhellafion byd heb adael pedair wal ei swyddfa. Y fenyw oedd yn llawn cariad fel môr agored, oedd yn fwrlwm o glonc llawen, yr un a gadwai ei chloc chwarter awr yn glou yn y gobaith o fod yn brydlon, er na nath hwnna ddim un obadeia o wahaniaeth – fuodd hi'n hwyr i bob man yn ei bywyd ond ddim i'w marwolaeth chwaith, chware teg, *prompt* fuodd hi fanna. Y dyn nath rywbeth o fywyd di-nod a gadael nod tyner ar ei deulu, fu'n driw a chyson i bob un drwy'i oes, yr un fuodd yn ei siwt clerc banc syber, ddu a'i goler startsh a'i sbats, yn sgrablo ar ei benglinie yn y llwch am orie'n whilo ceinioge o'r llawr ar ôl i'r car foelyd wrth ddod lawr y bryn ar y ffordd 'nôl o'r banc ar y diwetydd – fe gyfrodd e bob un geiniog 'nôl i'w logell a bant ag e, gytre. Y fenyw dda'th adre a'i gwynt yn ei dwrn ar ôl cwrdd nos un Sul, a steddodd yn ei dillad gore er mwyn ca'l pum munud bach i'w hunan, rhoi ei hambag lawr, anadlu a marw'n barchus, daclus o dawel ar ei stôl. Y saer gollodd ei fraich yn y felin goed ac a anfonwyd sha thre ar y bws â siars i beidio â neud ffys, ei fraich farw wedi'i lapio mewn papur llwyd a chortyn, yr un gerfiodd droëllau llyfnion i ganwyllbrennau pren o liw triog melyn ac yntau'n brin o fraich.

A phan wy'n cerdded lawr y stryd gefen dydd gole, ma'n nhw'n dod gyda fi, yn cerdded yn un fflyd o sibrwd llwyd tu ôl i fi. Wy'n cerdded gyda'r meirw gan obeithio y gwela i fe, yr un sy newydd farw, rhywle ar hyd y stryd. Fe weles i fe unwaith, yn do? Steddes i gydag e, ar wal yn gwylio'r nos. Fe wela i fe 'to, sbo.

*

All e ddim neud lles, gadael pethe'n rhy hir. Ni'n gohirio pethe'n llawer rhy rwydd a neud esgusodion. Mae'n bryd i ni edrych drwy'r pethe yn y tŷ o ddifri er mwyn cael trefen. Er mwyn treial neud sens o bethe. Er mwyn i ni blantos neud sens o'r dyn 'ma oedd yn dad i ni – wedi'r cyfan, ry'n ni'n oedolion nawr, yn dy'n ni? Weithie wy'n anghofio bod ganddo enw 'blaw 'Dad'. Ac am flynyddoedd, fe daerodd yn ddu las ei fod e'n ddwy ar hugain a Mam yn un ar hugain, ac fe gredon ni fe hyd nes ein bod ni ymhell bell yn ein harddegau, rhai fel'na o'n ni, *gullible* – dal i fod. Bydd ishe i ni adeiladu'r dyn o'r newydd, ddarn papur wrth ddarn papur.

Ble ma dechre? Y gegin? O fynd i graffu ar y pentyrrau papur ymhob man, gweld bod trefen i'r annibendod a bod hyd yn oed y deunydd digymell ddaeth drwy'r post yn cael ei gadw yn y pentwr iawn. Un fel'na oedd e, ishe cadw pob dim achos pwy a ŵyr na fydde ishe'r wybodaeth arno fe rhywbryd, boi byd cyn y we oedd e, boi papure. Os fydden ni ishe gwbod rhywbeth pan o'n ni'n blant, edrych mewn llyfr fydde'i ateb yn ddi-ffael. Bydde fe'n diflannu mewn i'r stydi ac yn dod 'nôl â gwybodaeth. Er, erbyn nawr bydde fe'n gofyn, 'Alli di alw hwnna lan ar dy fashîn?' a'n hannog i wglo ar ei ran. Pentyrrau o bymff am foilers mewn un man, taflenni elusennau mewn man arall, deunydd etholiadol gan bob plaid mewn man arall. Trefn yng nghanol anhrefn.

O ddeall ei drefen, mae'n hawdd gwaredu'r pethe 'ma. Iddo fe, roedd e'n bwysig eu cadw nhw, fel tase fe'n geidwad pob gwybodaeth, ond i ni, mae'n faich ry'n ni'n ei wisgo'n ysgafn. I'r bagie ailgylchu â nhw! Sortied y cyngor y cwbwl mas.

Unwaith, fuodd Mam yn bygwth y bydde hi'n mynd i'r afael â'r holl bapurach a llyfre yn y tŷ ac yn gweud yn llawn gwae y sortie *hi* nhw mas, a'u perchennog yn y fargen. Ond fe welodd ei wyneb e'n gwelwi a'i sgwydde fe'n crymu dan faich yr ofn ac fe gamodd hi 'nôl o'r dibyn, symudodd hi'r un darn o bapur erioed, dim ond twtio o amgylch y pentyrrau. Druan â hi. Druan â fe. Druan â ni.

Ry'n ni'n dechre â darnau o bapur gyda nodiade arnyn nhw, negeseuon, pytiau sy'n cael eu dweud, rhifau, cod, cyfrinache bychain. Beth yw'r holl bethe 'ma? Dim ond i un person roedd y rhain yn neud synnwyr a dyw e ddim 'ma i esbonio. Ydyn nhw'n bwysig? Sa i'n gwbod faint o sens gewn ni yn y diwedd.

Yn eitha buan, ry'n ni'n sylweddoli na thaflwyd dim o'n magwraeth ni mas, y cadwyd pob un cerdyn pen-blwydd, pob hosan babi a bêbigrow, pob llyfr, pob tegan ... pob ... dim. Ac yn weddol glou ar ôl sylweddoli hynny, ry'n ni'n deall mai ni sydd i fod i ddatgorffori'r pethe yma, ni sydd i ddirwyn yr achos yn y tŷ hwn i ben, ac nad oedd dim un bwriad ganddo fe i neud hynny. Ni'n gadael y cwbwl i chi. *Cheers*.

Agor dryse ... reit 'te, beth sy 'da ni fan hyn? Ma rhywbeth od o gathartig mewn gwagio cypyrdde cegin sy'n llawn o hen blastic – gwd clirans – cwpane babis, fflasgs â llunie siwpyrhiros ar eu bolie nhw, cartons, bocsys – gwynt yr hen blastic yn ddigon i godi cyfog. Gwd ridans. Ond shwd ma gwaredu pethe eraill? Pethe ddaeth o geginau sawl cenhedlaeth yn ôl? Powlenni prydferth, tsieina â chracie gwallgo sawl bywyd ynddyn nhw, cwpane sy'n dala straeon yn waddod ar eu gwaelodion, pethe sy'n dangos parhad, pethe sy'n rhan o gadwyn teulu. Ond wedyn, dim ond pethe y'n nhw hefyd, ac ry'n ni wedi creu'n cartrefi ni mewn tai eraill, pob un ohonon ni, mae'n nythod ni wedi'u pluo'n eitha llawn erbyn hyn. Ry'n ni wedi bod wrthi'n ddiwyd fel 'se ddim fory yn casglu'n pethe'n hunain. Beth oedd yn bod arnon ni, gwedwch?

Wy'n ffindo pump cwpan wy pren â'n henwau wedi'u llosgi arnyn nhw. Dyw'r teulu ddim yn gyfan mwyach, beth nawn ni â'r cwpane wy? Wy'n eu slipo nhw yn 'y mhoced i fynd â nhw adre i'w llosgi nhw ar y tân. Gaf i angladd cwpane wy pan sneb yn edrych.

Mae'n ddigon jyst i glirio rwbish am heddi, achos ma hynny'n hawdd.

*

Cerdded mas o tŷ ni heno eto gyda chrawc ola'r brain cyn clwydo a chyrraedd canol dre ar yr amser pan ma pobol yn dal i lymeitian mewn gerddi cwrw, y gwres wedi'u hanfon nhw mas i'r cefen am sbel i wenu fel blode ger y waliau. Wy'n clywed sŵn eu sgrechen chwerthin nhw a'u hyfwch dros gerddoriaeth feddwol. Ma'r ddiod yn llifo a'r meddwyns yn cwmpo mas o ddrysau fel 'sen nhw'n rhan o ryw sioe syrcas ar hyd stryd sy'n gadwyn o dafarndai. Ta-raaaa! Ma rhywbeth yn yr awyr, mae'n rhaid, digon i neud i bobol golli'u penne'n llwyr, yn y modd neisia'n bosib.

Wy'n clywed canu yn dod o waelod y stryd. 'Co ni off ... Meddwyns y dre, siŵr o fod ... Dyw e ddim yn ganu soniarus ond mae'n ganu sy'n dod o ddyfnder bola. Lawr ar hyd y brif hewl a throi'r gornel. Dacw fe eto, yn sefyll wrth y llys a chanu fel 'se fe ddim yn becso, ma fe'n canu ei ben e off ac wy erioed wedi'i weld e fel hyn o'r blaen. Ma fe'n canu 'i ffefrynne fe: 'Yn y mynydd mae'r eithinen, yn y mynydd mae'r gerddinen ...', 'Ar gyfer heddiw'r bore'n faban bach, faban bach ...', 'O gwed wrth Mam fy mod, fy mod i eto'n dod ...' Am ddyn oedd yn gallu lladd tiwn ag un nodyn, dyma'r canu mwya angerddol glywes i erioed. Dyma'r dyn gafodd wersi piano gan gymydog am fod ei fam gerddorol yn meddwl mcithrin nodau ym modiau bach y crwt i chwyddo'n gresiendo mwy. 'Paid â boddran rhoi mwy o wersi iddo fe,' meddai'r gymdoges ar ôl cwpwl o wersi. Caewyd clawr y piano.

Wy'n aros i wrando; dyw e ddim yn 'y ngweld i achos ma'i lygaid e ar gau am ei fod e'n canu o grombil ei enaid, pwyso ar ei ffon a gwasgu'r nodau mas o'i du fewns. Fe roddodd ei gap ar lawr i gasglu ceiniogau pobol wrth iddyn nhw baso ond sdim byd ynddo am nad oes neb yn stopo a neb yn gwrando. Bysgwr rybish yw hwn. Mae'n canu mewn ffordd sy'n gneud i fi feddwl na fyth e byth yn tewi, felly wy'n taflu cwpwl o geiniogau i'r cap.

Mae'n agor ei lygaid ac yn 'y ngweld i yno ac wy'n gwenu'n gam arno. Sôn am greu sôn amdano.

'Ers faint ti 'di bod yna?'

'Ers Dafydd Iwan.'

'Ti ddim wedi clywed dy hen dad yn canu fel'na o'r bla'n, wyt ti?'

'Dim ond yn y gawod.'

'Wy'n *showstopper*.'

'Odych, ond dim ond fi stopodd.'

'Ffylied.'

'Pam y'ch chi mas 'ma'n canu?'

'Pam ddim? Jyst achos bo' fi ffaelu canu, smo hwnna'n rheswm i bido rhoi shot arni.'

'Chi wedi neud nawr, falle bod e'n bryd rhoi'r ffidil yn y to.'

'Megis dechre, 'merch i. Megis dechre. Wy *on a mission*.'

'O?'

'Drycha, pan ti'n cerdded drw'r dre 'ma, ma bysgyrs ar bob cornel. Rhyw hen ban-peips, neu ddynion tene'n rocio gitâr gyda lleisie mawr yn canu caneuon *hip* o ryw gyfnod hipis bell bant. Weithie ma merched diflas gwallt hir mewn DMs yn warblo 'da tamborîn. Ond sneb yn neud yn Gymra'g. Wy jyst yn unioni'r cam, 'na i gyd. Wy am i'r adeilade 'ma ddiasbedain a chrynu gyda chanu Cymra'g, hyd yn o'd canu gwarthus fel 'y nghanu i.'

'Sneb yn gallu'ch clywed chi.'

'Glywest *ti* fi.'

'Ie, ond fi'n sbeshal.'

'Ac ma'r walie 'ma'n gallu clywed. Ma'n nhw wedi clywed gyment yn y dre 'ma.'

'Chi am ganu mwy?'

'Wy'n meddwl 'mod i wedi gorffen am heno. Ddof i 'nôl rywbryd eto, ma mwy o ganeuon 'da fi yn 'yn *repertoire*, paid ti becso. Ma ishe i fi ganu mwy yn y dre.'

Ma fe'n codi'i gap a'i daro fe ar ei ben yn sionc.

'Ble'r ewch chi nawr?'

'O. Fan hyn a fan 'co.'

Mae'n tynnu ar big ei gap yn foesgar, cyfarchiad cynnil ac off â fe, yn igam-ogamu drwy'r nos a'i phobol, gan osgoi'r chwydfa feddw'n eitha handi, am hen ddyn.

*

'Beth os ewn ni i hela ffrwythe?' meddet ti rhyw ddydd, pan oedd yr haul yn gynnes ac yn swnian arnon ni i adael y tŷ. Pam lai, feddylies i, all pob dim arall aros am nawr. Wedi bod yn meddwl am y meirw gyhyd, mae'n bryd meddwl am y rhai sy'n fyw, sbo. Ac off â ni, llond car o deulu, yn fwrlwm berw o blant ar y sedd ôl. Whilo am y fferm ffrwythe a ffaelu dod o hyd iddi er gwaetha'r ffaith bod y *sat-nav* yn gweud wrthon ni i fynd un ffordd ac yna'r ffordd arall. Chwerthin am y ffaith mai cysgu ym môn y clawdd fyddwn ni heno, sdim dowt. Ac yna, ar droad tywyll yn yr hewl, dyna ble ma'r fferm, fel tase hi wedi bod yn cwato rownd y gornel rhagddon ni yr holl amser.

Teimlo'n ffordd gyda'r perthi ar hyd y lôn tua'r lle ac yna mae'n agor o'n blaenau fel Gardd Eden. Y fath le. Yn diferu o ffrwyth.

Cydio mewn basgedi'n eiddgar a diflannu fel sgwarnogod ar hyd y llwybrau deiliog i gasglu mafon a'u byta nes bod y sudd yn llifo ar hyd ein bysedd a'n dwylo'n edrych fel rhai llofrudd, nes bod ein gwefusau'n troi'n lliw lipstic a phawb yn teimlo'n sic. Am deimlad melys, cynnes.

Ma'r plant am droi at y caeau mefus. Wy'n penderfynu ishte yn yr haul am sbel. Wy'n eu gwylio nhw'n penlinio a whilo'n ddyfal am ffrwyth, eu penne'n plygu a'u hela'n ddygn. Ma aur eu gwalltiau'n ddisglair gefen dydd golau fel hyn ac wy'n teimlo shwd gariad tuag atyn nhw nes 'mod i'n teimlo fel 'se'r haul yn rheiddio mas o 'nghorff i ac wy jyst â bosto.

Cofio am y troeon hynny fuon ni'n aros mewn carafán pan o'n ni'n blant a threulio penwythnos yn hel ffrwythe a storis gyda ffrindie. Casglu cymaint nes ein bod ni'n byta ffrwythe i bob pryd; brecwast, cinio, te a swper –

116

dim whare – dechre breuddwydio am ffrwythe hyd yn oed. Am gyfnod doedd dim dianc rhag ffrwythe. O'n nhw'n ein dilyn ni i bobman fel miwtants neu angenfilod. Am gyfnod allech chi weud ein bod ni wedi cael llond bola ar ffrwythe, yn llythrennol hyd yn oed. Fe gafon ni'r fath hwyl, yn do? Y fath hwyl.

'Amser mynd, blantos,' medde fi. Fe bwyswn y ffrwyth ac fe ewn ni, 'nôl i'r fan ble ma'r haul yn machlud, 'nôl adre.

'Newn ni jam fory.'

*

Af i draw i'r tŷ i weld a alla i ddechre symud llyfre, ni wedi penderfynu clirio rhai o'r silffoedd. Ma rhai yn hawdd, rhyw nofelau rhamant rhad, sy'n cymryd llawer gormod o le ac sy jyst yn desbret i fynd i fflyrtan mewn siop elusen yn dre ar y lwc-owt i weld pa lyfre eraill sydd yno. Gewn nhw fynd yn syth ar eu meingefne i focsys a bant yng nghefen bŵt car cyn bo' nhw'n gall.

Cyrraedd y clos, nad yw'n cael lot o iws y dyddie 'ma, a gweld bod haid o frain yn martsio rownd fel gang a'u dwylo tu ôl i'w cefne'n ewn. Gwmws fel 'sen nhw'n berchen ar y lle. Pan ma'n nhw'n 'y ngweld i, ma'n nhw'n tasgu 'o 'na'n go glou yn gawod o ddrygioni a phlu, fel criw o fechgyn drwg wedi cael eu dala'n neud rhywbeth na ddylen nhw. Crawcian a chaclo, wherthin fel ffylied ar 'y mhen i. Fi yw'r jôc.

Ond wy'n ffindo'n hunan jyst yn ishte yn y stafell fyw wedyn yn whare mwisig yn uchel a llefen myrdyrs. Pryd fydda i'n sych o ddagre? Ac wy ddim yn gwbod ble i roi'r holl gariad sy tu fewn, mae'n bygwth goresgyn y byd.

Ma'r gerddoriaeth yn dod i ben, ac wy'n ishte am hydoedd yn y tawelwch, sy'n fwy o ddwndwr na'r miwsig. Mae'n rhaid neud rhywbeth, felly wy'n whilo am hen gasét ac yn cael hyd iddo. Rhoi'r casét yn y peiriant a'i whare fe; wy'n ishte i wrando ar leisie o'r gorffennol yn y stafell gyda fi, nawr. Dacw nhw, y ddau, yn ifanc, yn iau na fi. Ond ma'n nhw dal yn fyw, yma nawr, ar y tâp. Dacw nhw'n siarad â'u plantos a'r sgwrs yn ddigon annwyl a chynnes i ddenu mân siarad plant.

'Beth ma'r babi'n neud yn y llun?'

'Byta, byta bwyd, byyyytaaaa ...'

'Pa liw yw cot Joseff?'

'Glas a melyn a cho-och.'

'Wyt ti am ganu cân?'

Wy'n gwrando sawl gwaith drosodd; ma'n nhw'n dwcud yr un peth bob tro ond wy'n sylwi ar bethe gwahanol â phob gwrandawiad, wy'n sylwi ar y ffordd ma'n nhw dweud rhai geirie, ond yn bennaf, wy'n teimlo'u cariad nhw'n golchi drosta i. Roedd ganddyn nhw gymaint o obeithion bryd hynny, gymaint o fywyd i'w fyw, a dyma sut ma'r cyfan yn gorffen – rhyw *radio silence* mawr – dyma sut ma'r cyfan yn gorffen i ni i gyd, jyst bo' ni ddim yn gwbod hynny. Ond wy'n pipo ar eu bywyde nhw o'r pen anghywir, yn tydw i? Fe gafon nhw flas ar y cwbwl, yndofe?

Codi a mynd i dynnu mwy o lyfre o'r silffoedd a'u rhoi mewn bocsys a mwya sydyn, ma'r tŷ'n dechre teimlo'n rhyfedd, ma rhannau ohono'n edrych yn wag fel tase rhywbeth o'i le, rhyw drawma wedi digwydd. Wy'n teimlo'n lletchwith, fel 'sen i wedi gwisgo 'nillad ffor' rong. Ond wy'n dal ati. Ac ma 'na deimlad gwag yn dechre tyfu yno. Wy'n sefyll ar ben y grisie a theimlo 'mod i mewn tŷ dierth.

Ma fe fel tasen i'n mynd â phethe heb ganiatâd. Felly wy'n llwytho'r car gymaint ag y medra i a'i baglu hi 'o 'na, fel lleidr.

*

Wy'n edrych mewn i rai cypyrdde am y tro cynta erioed ac yn ffindo pethe a lapiwyd mewn papurau newydd o sawl degawd yn ôl, o hanner can mlynedd yn ôl, o bron i gan mlynedd yn ôl. Nid yn unig ma'r tŷ'n llawn degawdau o fywyd ein magu ni, ond ma gwerth sawl cenhedlaeth wedi'u distyllu i bob stafell. A does dim digon o le i gadw'r rhain yn ein bywyde ni nawr. Shwd stwffon nhw'r holl bobol a'u bywyde mewn i un tŷ?

Tynnu pob dim ar led, pethe a gadwyd yn barchus tu ôl i ddrysau caeedig am gyhyd. A nawr mae'n teimlo fel tasen ni'n rhacso'r lle, yn bod yn ddibris. Wy'n tynnu tsieina, gwydrau, dillad, llieiniau bwrdd, blancedi, watshys poced rif y gwlith a tsiaeni i fatsho, gemwaith a sbectole haul ffansi steil Côte d'Azur y dauddegau; pob math o bob dim a theimlo 'mod i'n cael 'y machau budron ar bethe nad y'n nhw'n eiddo i fi.

Po fwya wy'n tynnu stafelloedd ar led, mwya y medra i ei synhwyro fe'n dawnsio o un droed i'r llall y tu ôl i fi'n llawn nerfusrwydd. Alla i ei glywed e'n gweud: Beth ti'n neud â hwnna nawr? Cofia roi e 'nôl ble gest ti fe. Bydd yn ofalus. Dy fam-gu o'dd yn berchen ar hwnna.

119

Wy ishe gweud wrtho fe i fynd, i adael llonydd i fi achos ma gwaith 'da fi i'w neud. A tase fe wedi dechre ar y busnes 'ma ei hunan, wel, fydden ni ddim yn y picil 'ma nawr, fydden ni?

Ma mès ar jiawl 'ma, ond ma ishe anghymhendod cyn ca'l cymhendod, ma hynny'n ffaith. Po fwya anhrefnus ma'r lle'n mynd, mwya wy jyst ishe rhoi popeth 'nôl, a mwya wy ishe cymoni nes bod pob dim yn edrych fel oedden nhw. Ac yn bennaf oll, mwya wy ishe jyst cau'r drws tu ôl i fi ac anghofio am y lle, ei adael fel ag yw e achos wedyn, ma hynny'n brawf ei fod e dal yn fyw, fod y ddau ohonyn nhw'n dal i fod yn fyw. Gall y lle fynd â'i ben iddo cyn belled â 'mod i yn y cwestiwn.

Ond wy'n gwbod y bydda i 'nôl yma ymhen ychydig ddyddie yn mela a sbrotan, yn rhoi 'nhrwyn ym musnes pobol eraill.

*

Ma 'na ffenest ym mathrwm y tŷ, sydd fel 'se rhew wedi'i wydro drosti hi i gyd. Tu fas iddi, draw tu hwnt i'r clos, ma 'na bostyn lamp ac yn y nos, pan ma'r lamp ynghyn, daw'r golau drwy'r ffenest fel llewyrch angel yn hofran tu fas uwchben clawdd tŷ drws nesa. Ma hi yno bob nos, yr angel, ei hadenydd ar led a'r gwawl godidocaf o gylch ei phen. Ma hi yno'n gwylio a dyw hi byth yn colli noson. Ma hi wedi gwylio'r tŷ ers i fi gofio. Ma hi'n dal yno heno yn gwylio'r tŷ gwag. Aros ma hi, aros i ni roi trefen ar ein tŷ, ac ma hi'n aros i deulu newydd symud mewn er mwyn iddi gael eu gwylio nhw a gofalu drwy'r oriau tywyll.

*

Mae'n noson bins heno eto ac arogleuon sbwriel yn llifo ar hyd y stryd. Wy'n camu dros gwpwl o fagie du'n delicet a cherdded mla'n tua'r dre. Ma'r dre fach hon wedi clwydo am y nos, does neb i'w weld mas fan hyn ar yr hewl heblaw am y lleuad, sy'n bownsio ar hyd y toeon llechi ac yna'n cuddio'n swil tu ôl i gymyle am yn ail.

Wy 'di mynd mas am lond sgyfaint o awyr iach a llonydd, ma'r busnes cerdded 'ma'n mynd yn damed o habit.

Ar yr hewl hir o mla'n i, wy'n ei weld e'n cerdded yn araf, pwrpasol a chrwm. Mae'n aros a phwyso ar ei ffon bob nawr ac yn y man i gael ei anadl yn ôl. Ond ma fe'n dal i fynd yn eitha penderfynol am rywun sydd wedi ymadael â'r fuchedd hon. Wy'n cyflymu 'nghamre ac yn dala lan ag e'n eitha hawdd.

'Ble chi'n mynd 'te?'

'Yffarn dân! Roiest ti sioc i fi.'

'Sori.'

Ac mae'n rhaid iddo gael ei anadl e 'nôl am yr eilwaith nawr.

'Ble chi'n mynd?' wy'n gofyn eto. Weithie bydde'n rhaid gofyn iddo sawl gwaith am rywbeth, fydde fe'n gyndyn o roi'r ateb yn rhy glou achos roedd e'n lico'r tensiwn dramatig o bido gweud ... o ddala'r geire 'nôl ... er mwyn ein cadw ni i aros. A bydde hwnna'n hala ni blant yn benwan.

Saib.

'Ma *job* 'da fi.'

'Chi'n ddyn prysur ac ystyried eich bod chi wedi marw.'

''Merch fach i, sdim syniad 'da ti. Dere.'

Ac off â ni'n slo-bach lawr am y dre, yn arafach nag ydw i wedi cerdded ers tro.

Mae'n dawel yn y dre, pawb adre'n breuddwydio'n glyd yn eu gwlâu, mae'n rhaid, a dyma ni'n dau ar berwyl ond nad ydw i'n siŵr iawn i ble.

Wy'n clywed ei ysgyfaint e'n gwthio fel megin yn erbyn ei frest ond ma fe'n dal i fynd, yn dal i gerdded, fe a'i ffon yn mynd fflat-owt. Ni'n cyrraedd canol y dre ac mae'n arafu, *slack out the main*, medde fe. A ni'n dod i stop wrth Lôn Gwrth Saeson, fel y'i henwyd hi'n answyddogol adeg cwthwm gwyntoedd radical y saithdegau – dyna'r fan lle'r oedd unig graffiti Cymraeg y dre am sawl blwyddyn.

'Ti'n cofio'r graffiti fan hyn?' Ma'i lygaid e'n llawn sbarcls.

'Gwrth Saeson? Odw.'

'Fe beintodd rywun drosto fe. Rhywun o'r cyngor, siŵr o fod. A ti'n gwbod, o'n i'n lico bod tamed bach o *subversion* yng nghanol y dre a neb lot yn sylwi arno fe ... Tr'eni.'

'Ma *mural* 'na nawr. Rwbeth seicedelic.'

'Wy wedi bod yn meddwl bod job 'da fi i'w neud.'

''Bach yn hwyr, smo chi'n meddwl?'

'Byth rhy hwyr, 'merch i.'

'Beth sy 'da chi ar y gweill?'

'Graffiti *guerilla*.'

'Sori?'

'Wy wedi bod yn meddwl. Ni'n fawr iawn ar ddwyieithrwydd swyddogol yn y wlad 'ma, ac ma ishe wrth gwrs achos fydden nhw ddim whincad yn tynnu'r mat o dan ein traed ni, dim ond rhoi hanner cyfle iddyn nhw. Ond y ffordd i wbod bod iaith yn fyw, yn pefrio ac yn dawnsio yw os yw hi'n ca'l ei defnyddio i fynegi pethe mewn ffyrdd answyddogol. 'Bach o hwpo dau fys lan at yr awdurdode. Ti'n gwbod?'

'Beth yw hyn? *Public service* i'r genedl?'

'Yn gwmws.'

'Chi 'di mynd yn dipyn o chwyldroadwr yn eich marwolaeth, yn dy'ch chi?'

'Wy wedi bod yn meddwl am hyn ers tro. A phaid â bod mor *cheeky*.'

'Chi'n gwbod bo' chi'n lico fe, ma fe'n neud i chi deimlo'n fyw, er bo' chi ddim yn … Sori … So, beth yw'r *plan* mowr 'te?'

'Wy am ddechre sbreio negeseuon yn Gymra'g ar hyd yn dre 'ma.'

'Gyda beth?'

'Ie, wel, falle bydd yn rhaid i ti helpu fi fanna. Alli di ga'l cwpwl o gans o baent erosol i fi?'

'Beth os gewch chi'ch dala?'

'Ie, wel, 'na biwti'r *plan* 'ma. Sa i'n mynd i gal 'y nala.'

'O ie? Licen i ddim o'ch gweld chi'n rhedeg bant o'r *scene of the crime* fel malwoden mewn tar. Allech chi ddim cymryd y goes hyd yn o'd tasech chi moyn, fyddech chi'n *gonner*.'

'Yn gynta, fydda i'n neud e'n ganol nos, sneb yn gweld lot bryd 'ny achos mae'n dywyll.'

'Wy wedi sylwi.'

'Ac yn ail, a hwn yw'r peth *genius*, tasen i'n cael 'y nala, pwy fydde'n ame hen ddyn bach musgrell yn shyfflo ar hyd yr hewl? Fydde neb yn meiddio 'nghyhuddo i. Ac erbyn iddyn nhw ystyried a meddwl eto, fydden i wedi dianc.'

'Heb anghofio'r ffaith bo' chi wedi marw ac na fydd neb yn eich gweld chi ta p'un 'ny.'

'Twel', wedes i bo' fe'n *genius*.'

'Chi 'di meddwl am bopeth, myn yffach i. Olréit, olréit, adawa i gwpwl o gans erosol wrth gefen y tŷ, os gofia i. Beth chi'n mynd i weud gyda'r paent beth bynnag?'

'O, sa i'n gwbod, pethe anogol i'r genedl, sbo. "Gwenwch." Neu "Byddwch Lawen." Tw mytsh? Rhy Dewi Sant? Ond pethe positif, timbo'. Jyst bo' nhw'n Gymra'g.'

'Chi'n swno fel 'bach o hipi. A ta beth, ma'r rheiny 'bach yn gyffredinol, nagy'n nhw?'

'Wy moyn iddo fe siarad â chymaint o bobol ag sy'n bosib. Pam, beth o't ti'n meddwl?'

'Wel, beth am rywbeth mwy gwladgarol? "Ymlaen at Hunanlywodraeth i Gymru." Beth am hwnna?'

'Lot rhy hir, fydd dim drw'r nos 'da fi.'

'Siwtwch eich hunan.'

'Allen i roi cyngor mewn graffiti, fel Confucius Cymra'g.'

'*Go on* 'te.'

'Dim ond dau gyngor sy 'da fi. Os ei di'n foel, paid byth â neud *combover* a chofia adel pob tŷ bach yn gwmws fel ffindest ti fe.'

'Ddim cweit yn bethe i roi ar wal i ddeffro'r genedl, odyn nhw?'

'Ie ond ma'n nhw'n gynghorion doeth, cofia.'

'Aye.'

'Wy'n meddwl dechre heno.'

'Sdim paent 'da chi.'

'Dim ond practeiso wy'n neud heno. Wy am sgrifennu yn Gymra'g yn y llwch ar benole ceir sydd ishe'u golchi.'

'O ddifri?'

'Ti 'di gweld y fans gwyn gyda phethe wedi'u sgrifennu ar eu cefne? Negeseuon.'

'Beth, pethe fel "I wish my wife was as dirty as this van"? O ddifri, Dad?'

'Pam lai? Ma pawb yn eu darllen nhw. Ma'n nhw'n rhan fach gynhyrfus o fynegiant pobol. Ma'n nhw'n *cheeky*, weithie ma'n nhw'n anfoesgar, ond y peth yw, y *bobol* sy wedi neud nhw eu hunain, yn y foment, yn fyrbwyll. Ac os ti'n ishte tu ôl i fan, ti wastad yn darllen y pethe 'na ac ma'n nhw wastad yn codi gwên neu'n neud i ti feddwl. Wy'n mynd i sgrifennu pethe yn Gymra'g ar benole ceir, fans a lorris. Ac wy ddim yn mynd i ga'l 'y nal chwaith.'

Ma fe'n codi'i gap o'i ben fel cyfarchiad, cystal â gweud nos da, achos ma'r sgwrs wedi dirwyn i ben ac ma fe *on a mission* nawr. Wy'n ei wylio fe'n mynd tuag at y maes parcio ar ben arall y dre, ble bydd cyflenwad cyfoethog o geir i ddewis ohonyn nhw, ac wy'n gwenu.

*

Ni'n dewis agor drôr mewn cwpwrdd yn y cyntedd ac yn dod o hyd i gyfres o lythyron wedi'u hysgrifennu mewn pensil o'r bedwaredd ganrif ar bymtheg. Llythyron rhwng gŵr a gwraig o bell, bell yn ôl, 'My dearest, darling ...', wedi'u cadw'n ddestlus mewn bocs. Rhif y gwlith o lyfrau poced bach clawr lledr mewn rhes drefnus – yn llawn nodiade menyw ifanc o gant o flynyddoedd coll yn ôl ac effemera o eiliadau sydd wedi hen baso'n cuddio yng nghanol y dalennau.

A menig, digonedd o fenig o bob math. Lledr, defnydd, lliwie'r enfys, dynion a merched. Faint o ddwylo oedd gan teulu ni?

Jangl ar ôl jangl o allweddi ar gyfer cloeon a fferrodd gan rwd o flynydde'n ôl a mynd yn angof, dryse fydd yn aros ynghlo am byth, ble bynnag ma'n nhw.

Sbectole'n dod i'r fei yn slei o gypyrdde, ishte ar silffoedd a rhythu'n wag, syllu'n ddall ar y *proceedings*, eu golygon wedi hen ballu, yn beirniadu pob dim. Cymaint ohonyn nhw, allen ni agor stondin sbectols.

Ar ôl cadw pob dim mor ofalus, pwy hawl sy 'da ni i dynnu'r cwbwl ar led? Wy'n anniddigo rhag neud hynny'n llwyr eto o hyd wy'n cyfadde.

*

Ond drychwch, er fy anniddigo stwbwrn, ma'r cartre'n dechre dat-gymalu, dat-od, o'r tu fewn. Pethe'n dechre cael eu symud, dechre llacio a dod yn rhydd o'r tŷ. Siop elusen fan hyn, rhodd i rywun fan acw neu drip i sgip neu'r dymp. Diferion, mewn gwirionedd. Ond ry'n ni yn treial rhannu'r cynnwys rhynddgon ni blant hefyd, rhoi cartrefi newydd i rai pethe'n ofalus yn ein tai gorlawn, rhag ein bod ni'n rhoi'n hanes ni i ffwrdd yn rhy rad. Ac wy'n gwbod tase fe 'ma nawr i'n gweld ni'n cydio mewn pethe a'u troi nhw yn ein dwylo i'w hastudio, y bydde fe'n anfodloni'n llwyr a geirie'n ffrwtian yn barabl nerfus o'i geg yn neud yn siŵr ein bod ni'n trin popeth fel bydde fe'n eu trin nhw.

Wy wedi mynd i deimlo'n amddiffynnol o'r cwbwl, ma pethe'r tŷ 'ma'n ffrwydro ag atgofion o'n cwmpas ni fel *grenades*, ma fe fel *nostalgic war zone*. Ein pethe *ni* yw'r rhain a phan ma aelodau o'r teulu estynedig yn cynnig mynd ag ambell beth, wy'n teimlo'n chwithig, achos eu bod nhw'n stablad dros ein bywyde ni'n ddifeddwl, heb feddwl dim gwahanol a heb wbod dim am eu hanes nhw. Fel fwlturiaid. Nid chi sy bia'r rhain! Nid chi sy bia fe, na'r cof amdano fe chwaith. Sdim hawl 'da chi. Cadwch bant! Wy am gadw pob dim yn dynn amdana i, cadw popeth yn agos ata i. Ac wedyn wy'n teimlo 'mod i'n fên ac wy'n synnu at ba mor gryf ma'r teimlade hyn. Plentynnaidd. Achos alla i ddim cadw pob dim, dyw e ddim yn bosib. Ond sa i moyn i neb arall eu cael nhw chwaith.

Fe wedodd menyw o'r lle antîcs yn dre pan alwes i draw i holi am sut fydde trefnu gwaredu rhai pethe: 'Ddwa i draw, fydda i wedi clirio'r lle mewn whincad. Deuddydd, *tops*.' Wy'n cael ofn y fenyw a'i bygythiad. Nid bric-a-brac sydd 'ma ond bywyd rhywun. Dyw pobol jyst ddim yn ddigon gofalus.

*

Sdim ambaréls yn tŷ ni, ma'n nhw wedi mynd ar gered i rywle adeg tywydd sych. Mae'n bwrw glaw fel 'se'r dilyw ar ddechre y dyddie hyn. Wy'n cofio bod ambaréls rif y gwlith lan yn y tŷ gwag. A mwy na hynny, sneb yn iwso nhw nawr. Off â fi i'r tŷ. Mae'n dywyll ac wrth gwrs, sneb adre. Wy'n cynnau'r gole. Ma'r lle'n dal i fod yn llanast. Rhoi 'mhen lawr a cherdded heibio gan anwybyddu'r anghymhendod. Mynd i'r stafell gotie a gweld sawl ambarél ddu fel brain yn pwdu yn y gornel yn fud. Pum brân ddu, pob un â phig *ferrule* siarp. Cydio ynddyn nhw'n ewn, ac wy'n synnu bod y brain yn ufuddhau i fi heb yr un gewc. Wy'n petruso achos wy'n cofio shwd un oedd e am bobol yn cymryd pethe heb ganiatâd ac wedyn peidio'u rhoi nhw 'nôl, roedd hynny'n mynd o dan ei groen e'n fwy na dim.

Wy'n sefyll ar ganol y cyntedd ac yn galw lan y grisie, yn uchel, fel 'nes i droeon, 'Wy'n mynd â'r ambaréls! Iawn?' Dan 'yn anadl wy'n mwmial, 'A sa i'n dod â nhw 'nôl chwaith.' Ac wedyn, wy'n teimlo'n euog am neud shwd beth, ac am fod yn haerllug.

Ryw wythnos yn ddiweddarach, wy'n mynd ag un o'r ambaréls gyda fi am jant i Aberteifi. Mae'n bwrw, wrth gwrs ei bod hi, ond wy'n cofio 'mod i wedi addo mynd ag e i weld y castell yno unwaith ac y bydden ni'n treulio prynhawn yng nghwmni'r Arglwydd Rhys yn byw gogonianne hen steddfode a fu, a byta sgons yn ei gaffi e. Felly fe es i ag ambarél ac fe aeth darn ohono fe gyda fi i'r gorllewin gwyllt.

*

Clirio a chymoni eto, dod o hyd i fwy fyth o gofnodion a llythyron o ddegawdau tu hwnt i'n hamser ni, wedi'u cadw mewn droriau neu gypyrddau ar hyd y tŷ. Taflu rhai pethe ond ffaelu taflu pethe eraill, ma 'nwylo i'n stwbwrno, yn pallu gweithio.

Alla i ddim taflu'r llythyron. Wy'n eu rhoi nhw yn 'y mhoced.

*

Ma'r cyngor am gymryd rhai pethe i'r dymp droson ni. Rhaid i ni eu ca'l nhw at ymyl yr hewl ar ryw fore penodol, cyn i'r brain ddeffro. Ni'n cwrdd y noson cynt yn barod i roi bôn braich o dan hen soffa flinedig a sgwyddodd bwysau penolau pob un ohonon ni dros yr amser. Ei helpu hi mas drwy'r drws a phat-pat-pat gwerthfawrogol ar ei chefen a diolch iddi am yr holl flynydde o wasanaeth ffydlon, ond er hynny, does dim *golden handshake* a mas ar y *scrapheap* ma hi.

Yna mae'n dro yr hen biano cinog a dime oedd yn gymaint offeryn artaith i blantos angherddorol. Ei wthio'n dawel drwy'r cyntedd heb weud wrtho ble ni'n mynd ag e. Shhh. Sdim ishe iddo wbod. Mae'n protestio, sgrechen ar hyd y tarmac, gadael ei ôl yn grafiade ar hyd yn clos, gan arafu olwynion er mwyn cael aros. Ond chei di ddim, 'rhen biano, ma'i wedi canu arnat ti.

Gosod yr hen betheuach ar erchwyn yr hewl am hoe fach; wedi'r cwbwl, maen nhw'n ei haeddu fe. Popeth yn ei le'n barod, daw bois y cyngor gyda thoriad gwawr. Bihafiwch nawr.

Cloi'r tŷ a ni'n cerdded bant. Mae'n dawel heno, ond fe allen i dyngu i fi glywed alaw drist yn hofran uwchben y cloddie, rhyw gân *jazz* dawel yn llifo'n lleddf ar hyd yr hewl. Troi 'nôl a chael cip ar biano unig yn pwyso ar bostyn lamp a chanu'r felan, y gân drista fuodd erioed; mae'n llefen ei enaid yn shwps dan olau'r stryd.

*

Freuddwydies i neithiwr fod y ddau ohonyn nhw'n dal yn fyw.

Ro'n i'n sefyll wrth y sinc yn y gegin, yn golchi rhyw iâr tsieina, yn barod i'w rhoi hi bant, pan ddaeth Mam mewn i'r gegin a gofyn beth o'n i'n neud. Wedes i bo' fi'n treial tacluso, glanhau pethe i'w gwaredu nhw er mwyn, er mwyn beth, do'n i ddim yn siŵr ar y pryd. Ta p'un 'ny, fe atebodd Mam, 'Ond o'n i'n lico'r iâr 'na.' Roedd hi'n iâr fawr, goch, hyll, oedd yn hollti'n ei hanner er mwyn gallu rhoi pethe yn ei bola hi, wye siŵr o fod. 'Ma tair arall yn y tŷ, pedair i gyd. Wy'n rili lico nhw.' Pedair? Ers pryd? Ma 'nwylo i'n ddwfwn yn y trochion sebon yn teimlo'r croen yn cochi yn y gwres berw. Sa i'n gwbod beth i neud nawr, bydd jyst rhaid i fi gadw'r blincin ieir. Ond ma'n nhw'n anferth.

Tra 'mod i'n sefyll mewn cyfyng-gyngor wrth y sinc, ma Dad yn shyfflo mewn yn ei byjamas, yn dal heb wisgo. Dim byd am ei draed.

'Blincin hec! Ers pryd y'ch chi wedi bod fan hyn?'

Ma fe'n edrych yn euog.

'Ond ma'ch llwch chi yn y stafell fyw! Ddaeth yr ymgymerwr ag e rownd cwpwl o wthnose 'nôl. Chi 'di bod yn ishte mewn bocs yn y grat ers hynny.'

'Wy'n gwbod ...'

'Shwd wy'n mynd i esbonio bo' chi dal yn fyw i bobol, a Mam hefyd? Ar ôl yr holl flynyddoedd?' Wy'n swilo'r dŵr rownd yn y sinc, mae'n slosho dros yr ymyl a'r iâr yn hwylio.

'Ie, wy'n gwbod ... ond falle sdim rhaid i neb arall wbod?'

Wy'n tynnu 'nwylo mas o'r sinc ac ma trochion yn plufio dros y llawr.

'Chi'n barod i guddio yn y tŷ a byw fan hyn, heb i neb wbod? Y ddou ohonoch chi?'

'Fel y Pry Bach Tew.'

'O, *come off it*. Fi fydd yn edrych fel *idiot*. Gynhalion ni angladd i chi, i'r ddou ohonoch chi.'

'Ie, sori am hwnna.'

'A dim ond *nawr* chi'n boddran gweud wrtha i?'

'Wy wedi gweud sori.'

'*Typical*.'

Wy'n tytian, troi 'nghefen a mynd i whilo am liain i sychu 'nwylo ac wedyn, mwya sydyn, dim ond fi sydd yn y gegin.

Wy'n cerdded drwy'r tŷ draw i'r stafell fyw ac ishte ar y soffa. Wy'n edrych ar y bocs o lwch sydd wedi bod yn sefyll yn dawel mewn tŷ llonydd-llonydd ble does neb yn byw bellach, a wyndro shwd yn y byd ydw i am weud wrth bawb mai un jôc fawr oedd diwedd y ddau a'u bod nhw'n dal yma. Ond howld on ... falle, falle ... allen ni eu cwato nhw yn y tŷ wedi'r cwbwl – pam ddele unrhyw un i wbod os na fydden ni'n gweud dim wrth neb? Falle allen ni ... ma'r peth yn hollol bosib ... Fe adewn ni i'r cloddie dyfu'n uchel ac i'r ffenestri bylu dan lwch.

Deffro yng nghanol cwlwm penbleth shwd yn gwmws ydw i am guddio dau riant rhag y byd a chofio, jyst fel 'na, nad oes yna'r un iâr tsieina'n agos i'r tŷ, ta p'un 'ny.

*

Alla i ddim peidio â meddwl am Seiriol Wyn a Chybi Felyn a'u teithiau dyddiol tra 'mod i'n gyrru mewn i lygad yr haul ar y ffordd i'r gwaith.

Gwibio ar hyd y draffordd, gweu drwy faniau'r banciau symudol sydd ar eu ffordd i'r trefi a'r pentrefi hynny ble ma'r bancs 'di hen gau a heibio i lorris Mansel Davies ar eu ffordd i bob cwr. Codi llaw ar y tyrbeini gwynt sy'n dod o'r cyfeiriad arall, yn cael eu llusgo fesul darn ar hyd y lôn tua'r gorllewin er mwyn eu rhoi nhw at ei gilydd fel jig-so tyfu coed ar y bryniau.

Ma'r dail yn cynhesu eu lliwie nawr a chynnwrf yr hydref yn cychwyn, yr haul yn gorwedd yn eitha isel yn yr awyr am fod y gaeaf ar ei ffordd. Ac oddeutu'r fan ble cyfansoddodd Dafydd William yr emyn 'Yn y dyfroedd mawr a'r tonnau' ar lannau afon Llwchwr, hedfanodd crychydd dros y ffordd fel tae wedi codi o nunlle yn fyr ei dymer; ma'i gorff trwm, llwyd yn aros yn bwdlyd am eiliad dros yr haul – ei sgwydde fe lan yn glòs am ei glustie – ac ar hyd gweddill y daith ma gen i dwll siâp crychydd yn hwylio'n dywyll dros fy llygaid.

Ma'r cyw melyn ola'n clirio yn y tŷ yr wythnos hon ac er 'y ngwaetha wy'n teimlo'n anghysurus, rhag ofn i bethe fynd i golli neu gael eu towlu mewn camgymeriad. Wy'n teimlo'n hunan yn neidio o'r naill dro'd i'r llall am nad ydw i yno. Wy'n troi mewn i 'nhad, myn yffach i.

*

Ma'r gwaith clirio wedi bod ar stop yn y tŷ am sawl wythnos; roion ni'r cwbwl i gefen ein meddylie anniddig am sbel, ond ni wedi bwrw iddi eto dros y dyddie dwetha, y cyw melyn ola a fi. Ni'n joio cwmni'n gilydd, wastad wedi neud, felly mae'n hawdd bod 'nôl yn yr hen le; ni'n sloto mewn yn eitha taclus i'r ffordd yr oedd pethe, ma fe jyst mor rhwydd, bod yn blant unwaith yn rhagor, er bydde pethe jyst yn symlach a Mam a Dad i gymryd gofal o bob dim. Ond, paned o de, yna torchi llewys at waith, dyna ni'n neud.

Llenwi bocsys gyda llestri a gwydrau, bocsys ar focsys o hyd. Sawl set o lestri te a etifeddwyd, a gafwyd, a roddwyd, a brynwyd, a ddefnyddiwyd? Pob cwpwrdd llawn yn arllwys ei berfeddion yn euog ar hyd y llawr ac ry'n ni'n eu rhoi nhw mewn pentyrrau i'w cludo ymaith neu eu gwerthu. Pwy iws yw'r holl bethe 'ma i ni sydd â digonedd eisoes? Pwy iws oedd y pethe yma i Mam a Dad, a gadwai bob dim yn ddiogel mewn cypyrdde i'w defnyddio fel llestri gore at achlysuron arbennig na ddaethon nhw erioed? A chyda darganfod cynnwys pob cwpwrdd llawn, wy'n argyhoeddedig y daeth amnesia'n don dros Mam ac yna iddi fynd mas i brynu mwy o bethe, pethe newydd tro 'ma, i'w rhoi ar ben yr hen bethe cadwedig. Dyma archaeoleg teulu ni a ni'n pilo'r haenau bant un wrth un, nes byddwn ni'n cyrraedd y diwedd, yn cyrraedd at y dechre pan ddethon nhw i fyw yn y tŷ 'ma yr holl flynyddoedd hynny'n ôl a'r lle'n wag hollol.

Ni'n dau'n carto pethe i siopau elusen y dre ac yn gweld y bobol ar y strydoedd â llygaid gwahanol. Yr holl bobol yn prynu'n brysur a ninne'n gwaredu pethe ffwl-pelt. Ni'n teimlo fel sefyll ar ben stryd a gweiddi, 'Stop! Pidwch prynu mwy! Neu fe fogwch chi!' Ond dy'n ni ddim yn neud, ni jyst yn nôl mwy o focsys.

'Allen ni agor siop,' medde fi.

'Neu beth am addo pido prynu dim byd nad y'n ni ei angen byth eto?' medd y cyw melyn ola.

'Falle barith hwnna am eleni falle, ond fe anghofiwn ni'n ddigon clou.'

'Wy am dreial pido anghofio.'

Wy'n meddwl am 'y nhŷ-llawn-stwff fy hun, ma ishe i fi gal gwd clirad gytre.

Yn y tŷ eto, ble mae'n oerach tu fewn nag yw hi tu fas. Wy'n cymryd rhai pethe i'w defnyddio adre yn tŷ ni, pethe bach ddeiff yn handi; llieiniau llestri, llwye mawr, ambell i blât plaen, polish sgidie – ond am y gweddill wy'n credu gawn nhw gartre gwell yn rhywle arall a sdim ishe i ni wbod ym mhle.

Anhygoel! Ma 'na fwy fyth o bethe'n dod i'r amlwg o'u cuddfannau; powlenni brecwast o'r adeg pan oedden ni'n blant, hadau planhigion o bob cwr o Gymru wedi'u cadw mewn potiau a'u labelu, cardiau pen-blwydd sy'n cuddio mewn droriau yn sôn am 'faint o gariad sydd a fydd yn bodoli am byth', darnau o linyn wedi'u cadw yn beli bychain destlus rhag ofn bydd eu hangen nhw pan ddele'r chwyldro, pinnau bawd, nodwyddau, clipiau papur, prennau mesur o bren, plastic a metel, petheuach bychain rif y gwlith a chwyddwydrau i weld yr holl fanion bethe hyn yn well. Pob peth yn ei le a lle i bob peth. Tan nawr.

Llythyron gan hen ffrindie'n dod i'r fei a'r atgof am gyfeillion yn dod yn fyw eto am funud, wynebe'n ymddangos o'r gorffennol.

Ac ma'r pethe'n dal i ddod, yn gawodydd o geriach; pethe hollol newydd na welson nhw olau dydd ers eu cludo wedi'u lapio mewn papur newydd yno i ffindo cornel dywyll mewn cwpwrdd anghyfannedd ym mhen pella rhyw stafell. Pethe estron na welson ni erioed o'r blaen yn dod i'r golwg neu'r pethe hen gyfarwydd sy'n llawn hyd at yr ymylon o atgofion.

'Ti'n cofio hwn?'

'Beth ti'n meddwl ddylen i neud ag e?'

'Ti moyn e?'

'Sdim lle.'

'Towla fe 'te.'

A ni'n gweud hyn dro ar ôl tro wrth ein gilydd, sawl gwaith drosodd, nes bod y sgwrs yn mynd yn un dreuliedig neu'n rwtîn stand-yp rybish o'i hailadrodd cymaint. Nes bod y ddau ohonon ni'n histerics gwyllt. Ma teuluoedd eraill yn cweryla dros bwy sy'n ca'l y llieiniau sychu llestri – ddim ni – ni'n ffaelu *rhoi* pethe bant.

Ni'n ffindo plât a'i enw arno fe, a roddwyd i ddiolch am siarad gyda rhyw glwb cinio rywle neu'i gilydd unwaith; fydd neb ishe hwnna, ma'i enw fe arno fe, a ddyle neb gael hwnna chwaith. Ni'n penderfynu mynd i'r ardd i'w daflu at y wal gefen, ei whalu fe'n rhacs. Ma'r ddau ohonon ni'n sefyll yn yr ardd yn teimlo tamed bach fel plantos drwg. Wy'n towlu'r plât at y wal ac mae'n ffrwydro a chwalu'n ddarnau bach yn y border. Codi'r darnau mwya i'w rhoi nhw'n y bin ond gadael rhai yng nghanol y blode fel bod rhywun yn dod o hyd iddyn nhw ymhen blynyddoedd a meddwl, sgwn i pwy fuodd yn byw fan hyn?

Ishte lawr i gael dishgled eto, wedi'r cyfan, ni'n haeddu fe. Beth gymrwn ni gyda ni o'r tŷ 'ma tybed? Heblaw am geriach mân ac ambell gelficyn? Fe gymera i sŵn siswrn defnydd Mam yn torri pilyn mas yn llyfn a hyderus ar hyd ford y gegin; fe gymera i flas y te o'r tebot arian sydd, ar ôl iddo fwrw'i ffrwyth, yn cyrraedd at rannau dirgel na fedr unrhyw de arall eu cyrraedd; fe gymera i arogl tishen ben-blwydd yn dod mas o'r ffwrn

yn llawn seremoni a'r byrthdei boi neu gyrl yn gynnwrf
llwyr o wbod mai dyma fydd dechre'r dathlu, gwynt ffein
cinio dydd Sul yn treiddio'n slei i bob cwr o'r tŷ a sŵn y
gloch yn diasbedain o'r gegin yn datgan yn groch bod
bwyd ar y ford ... nawr ... a bod ishe tasgu lawr y grisie ac
... 'O Dad, yn deulu dedwydd ...' Fe gymera i sŵn y styllod
yn gwegian yn sgerbwd y tŷ, yn shiffto rownd a chwyno'u
bod nhw'n hen. Fe gymera i'r atgofion i gyd, y rhai sy'n
ffito i boced, fe gymera i nhw gyda fi ac weithie, yn
annisgwyl, fe fyddan nhw'n fy synnu i 'nôl i'r lle hwn,
flynydde yn ôl, ble ma'r adar yn pwnco tu fas i ffenest y
gegin a finne'n ifanc ac yn breuddwydio am yr holl bethe
sydd i ddod.

*

Ma'r hen gloc tad-cu yn y cyntedd wedi peidio cerdded
ers tro. Sneb i'w weindo fe, chwel'. Caiff ei smyglo mas o'r
tŷ yn dynn yng nghesel y nos fel gwystl dan flanced.
Mewn i fan, mas a lan y grisie i tŷ ni, ar hyd y pasej a'i roi
at ei gilydd eto er mwyn dod at ei goed yn ei amser ei
hunan. Mae'n pwyso yn erbyn y wal tu ôl i ddrws mewn
stafell dywyll, yn aros ei amser.

Wy'n gosod y cloc i fynd ac ma sŵn yr eiliadau'n felys,
yn gyson a meddal, yn mesur hoedl a bwrw amser yn ei
flaen dwmbwr-dambar.

Wy'n sefyll yn agos-agos at y cloc, yn sefyll ar flaenau
'nhraed a syllu'n syth i'w wyneb e. Jyst fe a fi fanna. Pwy
fydd yn blinco gynta? Alla i arogli'r blynyddoedd yn y
pren, yr holl weindo a pholisho, yr holl fesur amser
fuodd.

Wy'n symud yn agosach ac yn sibrwd rhwbeth wrtho, rhyw bethe does neb ond fe a fi'n eu clywed. Pwyso 'nhalcen yn erbyn y pren a theimlo'r gwres ynddo, teimlo'r oerfel hefyd.

Ma'r cloc yn gwynto fel Dad, ei hanfod, ei sawr. Wy'n falch bod y cloc yn byw'n dawel tu ôl i'r drws mewn stafell yn tŷ ni.

*

Calan Gaea. Ma pobol ryfedd yr olwg mas ar hewl heno, bwganod a gwrachod bychain yn gwreichioni static mewn siwtie acrylic, cydio mewn pwmpenni plastic a moroedd o loshin yn llifo ar hyd y stryd. Ydy e'n tric, neu ydy e'n trît? Oes ots? Ma'r dre gyfan wedi mynd yn dw-lal am yr holl nonsens sbrydion 'ma. Wel, noson i'r plantos yw hi – neu dyna ma'r oedolion yn weud ta p'un 'ny, a stelcian yn fygythiol yn y cysgodion.

Ochorgamu heibio i griw o sombis byr yn chwerthin fel ffylied gyda'i gilydd dros grochan o fflwcs a stecs a slumod. Ma'r nos yn teimlo'n wahanol heno.

Gadael y fan ble ma'r ysbrydion yn cael parti a dod i gwrdd â hen ddewin yn cuddio o dan gantel ei gap. Ond nage'r hen ddewin sy 'na, ond fe, yndife? Nabydden i'r trwyn 'na'n unrhyw le, yr un trwyn sy 'da fi, gwaetha'r modd.

'Chi bant i rywle?'

'Mystyn 'y nghoese, 'na i gyd.'

'Ddof i 'da chi.'

A ni'n cerdded gan glustfeinio ar synau'r nos 'da'n gilydd.

Yna, o nunlle, daw mintai o ferched, bagad o fenywod gwyllt, i gwrdd â ni. Ond na, nid menywod chwaith. Criw o fois mas i neud noson ohoni ac ma'n nhw'n meiddio mynegi'u hunllefau gwaetha nhw gan gonsurio'r fersiyne mwya erchyll o'u hunain i fodolaeth heno. A beth sy'n waeth i fois na chriw o ferched sgrechlyd? 'Co nhw 'te, bois mewn *drag*. Digon i godi ofn ar y meirw, ond ddim y marw hwn. Ma fe'n joio.

'Wel drycha!' medde fe'n edmygus. Ma fe wedi ffoli ar y llabystiaid trwsgwl 'ma mewn get-yps llachar yn cwmpo dros ei gilydd yn eu medd-dod barfog, sbectol-haul-ganol-nos. 'Merched Beca mas ar y pop, myn yffach i. Ma'n nhw 'nôl yn y dre. Twel' shwd ma hanes yn dod rownd mewn cylch?'

Ac wy'n edrych ar y criw *worse for wear* yma yn eu slips slinci, eu ffrogie *crimplene* a'u lipstic a tase hi'n amser gwahanol, fe allen i eu gweld nhw'n troi, reit sydyn, a symud fel cwmwl gwae gwaedlyd i chwalu'r clwydi a rhuthro lan yr hewl tua'r tloty yn gweiddi dialedd a malu pob dim yn rhacs yn enw cyfiawnder. Ond heno, fan hyn, y cwrw sy'n denu ac ma'n nhw'n ddigon jacôs yng nghwmni'i gilydd, cadwyn o ddynion corlacs yn pwyso ar y nesa simsan ac yn ei morio hi mewn ffrogie benthyg. A heno, ar awel y nos ma'u cân nhw'n torri'n donnau hiraethus dros y dre: 'I stiiill haven't found what I'm looking fooor.'

'Merched Beca, *my arse. Idiots* y dre y'n nhw.'

'Ie, ond falle nagyw hanes yn digwydd yn gwmws yn yr un ffordd bob tro.'

'Ond ma'r criw yma'n hollol ridiciwlys.'

'Odyn, sbo, ond mae'n braf dychmygu y galle'r ysfa i

ymladd dros gyfiawnder garlamu ar hyd yr hen strydoedd 'ma 'to. Ni wedi mynd yn rhy sofft y dyddie 'ma. Dim rhuddin, dim harn.'

'Chi sy jyst wedi mynd yn rhy hen ... sori.' Wy'n difaru gweud y geirie.

'Ie, wel, pan ti'n cyrraedd 'yn oedran i, siom yw pob dim bron a does dim byd cystal ag yr oedd e, popeth yn mynd â'i ben i waered, a'r hen ddyddie'n bendant yn ddyddie da, neu o leia'n ddyddie gwell na'r rhain. Ond paid â gwrando arna i, wy'n hen ac wy'n ffôl a mwy na hynny, wy wedi marw.'

'Licen i tasech chi'n dal i fod 'ma go iawn. A chi'n gwbod fydde dim ots tasech chi'n hen ac yn ffôl wedyn. Fyddech chi ddim wedi lico aros am damed bach 'to? Gyda ni? Jyst am damed bach 'to? Ma'r plant yn gweld 'ych ishe chi ... a ni ...'

'I beth fydden i wedi aros? I beth fydden i'n byw am ddyrned o ddyddie eto? O'n i'n gweld ishe dy fam yn ofnadw ar ôl iddi farw. Pethe'n dod yn well ar ôl y flwyddyn gynta, medden nhw, ond nethon nhw ddim, mynd yn wa'th nethon nhw. O'n i wedi hen golli blas ar bethe.'

'Hyd yn o'd ar gino dydd Sul?'

'Diolch i ti am bob un ohonyn nhw, wir, o'n i'n gwerthfawrogi popeth.'

'Hyd yn o'd y tro 'na drion ni'ch lladd chi pan dagoch chi ar y ffa?'

'Yn enwedig am y tro hynny.'

'Sori bo' ni ddim wedi bod yn ddigon.'

'Allech chi byth â bod. O'dd e jyst yn bryd.'

'O'n ni moyn i chi aros.'

'I beth, gwed?'

Ni'n dawel am ychydig ac wedi ffindo mainc i ishte arni. Ma'r menwod pantomeim meddw wedi mynd i greu drama'n rhywle arall ac wedi diflannu a distewi. Mi fydd hi'n frecwast llwyd iawn arnyn nhw bore fory, siŵr o fod.

'Beth y'ch chi'n dal i neud 'ma 'te?'

'Jyst neud yn siŵr bod popeth yn iawn.'

'Pwy bethe?'

'Chi'ch tri, y math yna o bethe.'

'Ond y'n ni'n iawn ac fe fyddwn ni'n iawn.'

'Odych, wy'n gallu gweld hynny. Wy'n falch.'

'A tasen ni ddim? Beth nelech chi wedyn?'

Tawelwch eto.

''Nes i ddim meddwl am hynny.'

'Chi'n hoples.'

'Odw, sbo.'

'Ni'n cofio beth wedoch chi.'

'Beth wedes i?'

'Byddwch yn garedig i'ch gilydd, byddwch yn ffrindie a phidwch â chwmpo mas.'

'O, whare teg i fi.'

'Ni yn cofio, chi'n gwbod.'

'Gwd, 'na i gyd wy moyn.'

'Chi'n sofft hefyd.'

'Aye.'

Ac wy'n diolch yn dawel am gael y cyfle i ishte a chael sgwrs fach ddi-ddim arall gydag e ac wy ddim ishe i'r sgwrs ddod i ben, ddim byth.

*

Da'th hi'n ddiwrnod casglu dillad ynghyd, clirio wardrobs a'u gadael nhw'n wag. Yn y cwpwrdd crasu, ma llond gwlad o gryse, mwy na sydd ishe ar un dyn – rhyfedd, achos doedd ganddo'r un botwm o ots am ddillad.

Ta p'un 'ny, ni'n pilo'r cwbwl bant, crys wrth grys, pob pilyn, fel winwnsyn, oddi ar y rac a theimlo fel tasen i'n ei fatryd e, nes bo' fe'n borcyn, yn hen ddyn noeth a dim ar ôl ond sgerbwd.

*

Bagie ar fagie o bethe'n dal i arllwys mas o'r tŷ, gwaedlif diddiwedd. Dillad i siope elusen, llyfre i'r gyfnewidfa'n y dre, pethe plastic iwsles i'r bagie ailgylchu a phethe mwy di-ddim i'r dymp. Does dim diwedd arno. Rhan ohona i'n desbret i weld stop ar hyn i gyd ond rhan fwy ohona i ddim ishe iddo ddod i ben, byth. Tasen ni'n gallu dal i ddod i'r tŷ bob nawr ac yn y man, crwydro o stafell i stafell ac yna gadael heb neud dim, wel, fydde hynny'n siwto ni jyst yn grand.

Fi a'r cyw melyn ola'n dal i dynnu pethe oddi ar silffoedd, gredech chi? A ni'n dal i ochneidio, a'u rhoi nhw 'nôl yn gwmws yn y man ble ffindon ni nhw, achos ar ôl blynydde o weiddi mawr a phregethu am roi pethe 'nôl yn y man ble ffindoch chi nhw, ma neud hynny'n ail natur i ni. Ni'n symud pethe ac yn styrbo'u harogl nhw, ca'l ein llesmeirio gan yr atgofion ... Damo! Ni'n rhoi nhw 'nôl am nad oes ganddon ni'r syniad lleia beth i neud â nhw chwaith. Ac os rhown ni bethe 'nôl, yna sdim yn newid, am damed bach eto, er, ma nifer y pethe'n mynd yn llai ac yn llai. Ni'n dod i gasáu'r lle 'ma gymaint ag y'n ni ei garu fe.

Un noson dou ddwbwl a phlet, ni'n penderfynu gwagio'r cwpwrdd gwirodydd. Mae'n llawn alcohol *retro* o'r saithdege. Y math o stwff fydde Abigail yn joio yn ei pharti; Amaretto di Saronno, Bols, Advocaat, Cinzano – *cheers* a *chin-chin*, bawb. Digon i neud i chi hwdu.

Ni'n agor y poteli, un ar ôl y llall, a'u harllwys yn chwydfa ffiaidd lawr y sinc. Ma'r gegin yn drewi fel tafarn waetha'r byd, yn gwynto fel moddion mwya afiach plentyndod, ni'n gagio, mae'n stumoge ni'n troi, mae'n gweithredu fel emetic ar ein synhwyre ni.

Ma'r ddau ohonon ni'n dianc i ran arall o'r tŷ er mwyn symud mwy o bethe rownd yn ddiamcan a phan ddown ni 'nôl, ma'r gegin yn gwynto fel alcoholic y bore wedyn, yr arogl yn neud i ni gymryd un cam clou am sha 'nôl i ddechre, anadlu, wedyn esgus nagyw'r sawr sur yno a bod pob dim yn hollol normal. Ni'n gwadu pob dim yn y foment feddwol hon a ni'n chwil ar y profiad, mae'n penne ni'n troi. Rowlo adre wedyn yn llawn brafado noson dda o waith. Ffor shêm! Nago'dd c'wilydd arnon ni?

*

Mynd ar neges i'r dre ar garlam, treial dala 'nghwt bob dydd – anghofio eto bod ishe cadw'r ddesgyl yn wastad rhwng y byw a'r meirw ac ma'r drol yn troi weithie. Gweld pobol i wenu arnyn nhw wrth fynd ar fy ffordd a'u cyfarch nhw'n glou, wy'n teimlo'n eitha siriol. Dyma'r dre ble wy'n byw, dyma'r dre wy'n perthyn iddi, yr hen dre shang-di-fang, blith draphlith hon, sydd wyneb i waered weithie ond sy'n lle digon deche hefyd. Yr hen dre fach 'ma ble ma'r cof am bethe diflanedig yn glir, dyma'r dre sy'n cofio ble'r oedd pethe'n arfer bod; tamed o 'Chi'n cofio'r hen bost offis? Fanna.' Neu 'Trowch i'r dde'n syth ar ôl ble'r o'dd Littlewoods.' Ac weithie gelech chi 'Ar bwys ble'r o'dd yr hen dderwen yn arfer bod.' Tasech chi'n ddieithryn, fe allech chi fynd ar goll yn holl gyfarwyddiade ddoe'n hawdd.

Ma haul y gaea gyda ni heddi'n y dre.

Yn ddiweddar, ma manion dyddiol bywyd yn mynnu fy sylw i'n fwy a mwy, ac wy'n estyn am y ffôn yn achlysurol nawr i weud wrtho am rywbeth doniol glywes i yn achlysurol yn hytrach nag yn amal. Ac ma'r siomedigaethau bychain dyddiol 'ma'n mynd yn llai ac yn llai, nes eu bod nhw'n dechre teimlo fel dim byd mwy na fflicran amrant am eiliad ac wy'n dod yn gyfarwydd â theimlo cysgod y siom yn paso uwch 'y mhen.

Ma 'ngalar i'n dechre newid ei siâp.

Ac wy'n cofio wedyn 'mod i'n dal i'w weld e weithie, pan mae'n nosi heb i neb wbod, a'n bod ni'n dal i gwrdd a sgwrsio, yn dal i gadw cwmni i'n gilydd, yn dal i fod yn yr un hen dre fach ryfedd 'ma ar lan afon droellog sy'n mynnu dala sawl cyfrinach yn ei harffed. Ac ma hynny'n hollol olréit.

Ar y stryd, wy'n edrych eilwaith, ac unwaith yn rhagor rhag ofan, pan wy'n gweld hen gar bawlyd â 'Gwena, er mwyn dyn' wedi'i sgrifennu'n *cheeky* ar ei ben-ôl e. Ife fe sydd wedi bod wrthi? 'Sbosib! Yna wy'n neud yn gwmws beth ma'r neges *guerilla*'n ei orchymyn. Wy'n gwenu. Bysedd prysur gan rai, yn does?

*

Weithie – pan wy'n ishte yn y car, neu'n setlo i neud rhyw bethe rownd yn tŷ ni, ac wy'n gwrando ar ryw raglen neu'i gilydd ar y radio, yn ymgolli'n llwyr yn y trafod a'r llwybrau troellog ynddi a mwynhau clywed y geirie'n troi'n syniade a chosi'r ymennydd – wy'n dal i ymladd yr ysfa i godi'r ffôn arno fe er mwyn neud yn siŵr ei fod e'n gwrando ar y rhaglen hefyd. Yn hytrach, wy'n esgus 'mod i'n gallu'i weld e'n ishte'n y tŷ'n glustie i gyd. Ma hynny'n ddigon.

Wy'n cadw rhestr ddychmygol yn 'y mhen o bethe difyr fydde'n ticlo'i ffansi fe am fywyd, eu cadw nhw er mwyn eu rhannu nes mla'n. Pethe glywes i, pethe weles i ond pethe fydde'n neud iddo fe wenu. Ac yna'n raddol, ma'r pethe bach llithrig yna'n llithro o 'nghof, ac wy'n eu colli nhw.

Wy'n cofio'r chwedl deuluol am y tro 'na, flynyddoedd yn ôl, ddim yn hir ar ôl iddyn nhw symud i'r tŷ, pan anfonodd Mam e mas i brynu tships o'r siop ryw noson a fynte'n rhuthro 'nôl a'i wynt yn ei ddwrn yn llawn storis halen-a-finegr.

''Nei di byth geso beth o'dd y sgwrs yn y siop jips heno! Ife gwrywaidd neu fenywaidd yw'r gair "sosej"!'

Gwlad yr addewid oedd y gorllewin gwyllt gwâr hwn, myn yffach i. Dyma dre ble'r oedd y bildars wrth eu gwaith yn sôn am gael anghymhendod cyn cael cymhendod, y lle bydde siaradwr gwadd yn derbyn gair aneiriadurol o ddiolch ar ddiwedd noson am ei 'anwyddoldeb' a'r fan ble'r oedd y *slappers* yn siarad llond pen o Gymraeg ar eu ffordd igam-ogam ar nosweth mas yn eu hei-hîls hilariws. Hal-e-lw-ia!

*

Wy'n dal i gerdded fy ffordd gyda'r nos ar hyd glan yr afon. Ma hi'n dal yno, er ei bod hi'n newid ei gwedd bob dydd ac yn twyllo rhywun i gredu'n sownd mai afon hollol wahanol yw hi. Weithie, ma hi'n gwagio'i gwely am fod rhywun wedi tynnu'r plwg yn rhywle ac mae'n gorwedd yn newynog ymysg y brwyn. Weithie, mae'n afon dew, ddiog sy'n llifo'n frown, yn flonegog ac yn gorlifo'i glannau'n hael gan adael ei hôl ar y trai.

Ar nosweithiau llonydd a'r dŵr fel drych, wy'n clywed lleisiau pobol o'r ochor draw yn glir. Pobol od sy'n byw ochor draw, weden i, smo nhw fel ni.

Hen dre wleb yw hon, yn llawn hyd at yr ymylon o ddyfroedd sy'n llifo tua'r afon, tua'r môr. Yn gwlwm o strydoedd sy'n cario dŵr oddi tanynt. A phan mae'n dawel, ma sŵn y dŵr i'w glywed yn parablu straeon yn y crombil dan ddaear.

Weithiau, ma'r dyfroedd yn gorlifo ac yn goferu ar hyd y stryd a lawr y pafin. Daw llif y dŵr fel cryndodau, fel cynnwrf, fel hyrddiadau o emosiwn. A dyna'r ffordd y caiff y strydoedd eu golchi'n lân.

*

Ma pethe'n dechre carlamu tua rhyw fath o derfyn o'r diwedd. Bocsys yn dal i lenwi a phethe'n diflannu o'r tŷ acha rât. Dynion yn dod i brynu pethe – celfi, llestri; pethe a gasglwyd mor ofalus ond sy'n gadael â phris ar eu penne nhw – ac yn sydyn, fe ân nhw i bob cwr fel gwawn ar y gwynt, ac welwn ni mohonyn nhw byth eto ... teimlo'n fregus fel hen gwpan tsieina, tenau ar seld, teimlo'n euog am roi pethe gwerthfawr yn llawer rhy rad a theimlo'n waeth eto bod modd rhoi pris ar yr amhrisiadwy. Gerddes i heibio i ffenest siop elusen pwy ddiwrnod a gweld powlen o tŷ ni yno'n bowld, un o'i lestri fe, ac ymladd â'r awydd i'w phrynu hi 'nôl. Synnu at ei phris. *Cymaint* â hynny? Cyn *lleied* â hynny ... cerdded heibio er mwyn peidio gweld mwy a theimlo cywilydd 'mod i wedi gadael iddi fynd o 'ngafael i mor rhwydd.

Dy'n ni ddim yn gwbod beth y'n ni'n neud, ni angen help. Er, fyddwn ni ddim yn neud hyn byth eto. Ydyn ni'n ei neud e'n iawn? Tr'eni nad yw Mam a Dad 'ma, fydden *nhw'n* gwbod.

Ma'r llunie oedd ar bob pentan wedi eu tynnu oddi yno ers meitin, y llunie oedd yn dangos taw nhw oedd yn byw 'ma. O dipyn i beth ma'r dystiolaeth amdanyn nhw'n lleihau; er y cymoni, ma ambell i ffoto'n dod i'r fei o hyd, llunie o un neu'r ddau ohonyn nhw'n gwenu o'r gorffennol arnon ni, yn ifanc, â gobaith am bethe i ddod yn eu llygaid nhw. Yn raddol, raddol, ma'u hwynebe nhw'n diflannu o'r lle hwn a'u gwenu nhw'n pylu, ma'u hysbrydion nhw'n gwanhau, yn troi'n llwch ym mhob stafell a phan ma'r haul yn disgleirio drwy'r ffenestri gyda'r prynhawn, ma darnau ohonyn nhw'n dawnsio drwy'r lle, jyst am beth amser eto. O do, fe deimlon nhw angerdd yn eu dydd, fe deimlon nhw gariad a thrwy hynny lledrithiwyd y lle hwn i fod.

Ma'r holl lanhau a'r tacluso fel rhedeg blynyddoedd ein bywyde ni am sha 'nôl, fel ffilm *cine* ddi-sŵn, y llunie'n tasgu ar hyd y welydd. Ac maen nhw'n ifanc eto, fel yn y llunie, y ddau'n hardd ac yn llawn addewidion a charu.

Shwd gall rhywbeth fuodd mor bendant droi'n ddim?

Ond shwd o'n ni'n meddwl fod pethe fod i ddarfod? Achos darfod ma pob dim. A shwd y'n ni fod i wbod fod rhywbeth wedi para oni bai ei fod wedi cwpla, gwedwch?

Ac yn sydyn, jyst fel'na; ar ôl gwthio, tynnu a llusgo'r holl bethe mas drwy'r drws, eu perswadio i adael, eu cocso, eu denu dros y rhiniog, eu twyllo drwy daro bargen slei siop elusen ... bydd y tŷ'n wag ... hollol ... a bydd hi'n gragen amhersonol ddaw i anghofio'n bod ni erioed wedi byw yma, ac yna bydd y tŷ'n troi ei gefen arnon ni'n bwdlyd ac yn ein hanwybyddu ni'n llwyr. Fe gollwn ni nabod ar ein gilydd. Alle fe fod yn gartre i unrhyw un wedyn.

Bydd y celfi wedi gadael drwy ddrws y ffrynt a thrwy ddrws y bac, *if you please*. Ond hyd yn oed ar ôl i ni waredu'r holl bethe, a thowlu'r hwfer sawl tro dros y carpedi i sugno'r darnau DNA a briwsion y blynyddoedd i'w fola, mi fyddwn ni'n dal i ffindo ambell betheuyn sy'n stwbwrno rhag gadael y lle; tegan bach unig, olion blinedig hen lunie ar y murie, marcie bysedd yr holl blantos a redodd yn wyllt o stafell i stafell ac olion eu pensilio cyfrinachol tu ôl i ddryse neu ar sgyrtins, peth bach plastig sy'n dala cannwyll ar gyfer teisen ben-blwydd, sgraps bychan o bapur â llawysgrifen y meirw arnyn nhw, pethe bach fel'na sy'n dal i fynnu'n hatgoffa ni o'r holl amseroedd a fu.

Ac fe whilon ni ac fe whilon ni'n ddyfal ym mhob cwr a chornel i weld a ddelen ni o hyd i gyfrinach fawr ein teulu ni, yr un peth hwnnw a fydde'n neud sens o'r cwbwl, datgloi'r bydysawd wrth ei fogel, y peth dieirie na fynegwyd erioed am ei fod yn fwy na'r byd, y feri peth fydde'n datod yr holl glymau a'u rhyddhau ni i'n llonyddwch mawr yn ôl. Oes dechre i'r stori hon? Ble ma hi'n gorffen? Er, falle nad yw hi'n gorffen, falle ddaw hi ddim i ben, byth. A'n tro ni yw hi i fyw y stori, ta p'un 'ny – ni sy'n neud y byw nawr. Ond ddethon ni o hyd i ddim, dim ond hen bethe â llwch blynydde drostyn nhw, dim ond llond siwtcesys o lunie du a gwyn o wynebe dierth, yr holl bobol 'ma sy'n perthyn heb i ni eu hadnabod nhw – ma darnau ohonyn nhw ynddon ni, yn does? Llunie ble ma gwres yr haul yn dal yn ffres ac yn taflu cysgodion heulwen hwyr brynhawnol o hyd, ble mae'n haf am byth.

Doedd dim *big reveal* wedi'r cwbwl, blincin *typical*.

Fe glirion ni'r cwbwl hyd nes mai dim ond y cyrtens a'r carpedi oedd ar ôl ac atsain o leisie yng ngwead y papur wal. A'i lwch e'n dal i ishte mewn bocs ar aelwyd y grat. Geiff e aros yno am y tro, i gadw llygad ar bethe tan y diwedd.

Am ychydig, mi fyddwn ni'n troedio'n ddistaw drwy'r stafelloedd yn sibrwd yn barchus, fel 'sen ni mewn lle dierth, achos nid tŷ ni fydd hwn nawr.

A ni'n addo i'n gilydd, pan fydd y cwbwl wedi gorffen yma a'r tŷ ar fin 'i werthu, y gwnawn ni gwrdd fan hyn, ar yr erw hir, hapus hon, yn deulu clwm am un tro arall i gael pryd bwyd ola. Ishte mas ar y teras yn yr haul i bicnica cyn bod yr ardd yn ceulo drosodd, bod gyda'n gilydd, fel yr hen amser, cyn i ni fynd ein ffyrdd ein hunain.

Bryd hynny, fe rown ni'r allwedd yn y clo am y tro ola a hwnna, y tro hwnnw, fydd y diwedd.

*

Wy'n tynnu'r drych lawr oddi ar wal y stafell fyw, a dyw'r byd tu-fewn-tu-fas fu'n hongian yno ers i ni gofio ddim yno mwyach. Wel, ma hyn yn lletchwith. Dyw'r holl fynd a dod tu chwith, y sgyrsiau, y dadlau, y chwerthin, y maddau a ddigwyddodd, ddim yno. Ac wy'n cael trafferth cofio a fuon nhw yno erioed.

Dyw'r stafell fyw arall, yr un tu-fewn-tu-fas, yr un fu'n ein dynwared ni'n feunyddiol, ddim yno nawr. Dim ond wal wen gyffredin sy 'na nawr, heb ddim arni.

Ma'r drws 'di cau.

*

Mae'n dechre oeri gyda'r nos a'r lleuad yn lloerganu'n glir rhwng y cymyle fel cantores opera iasol. Mas â fi am daith a thynnu'r awyr yn llosg fel mintys mewn i'n ysgyfaint i. Wy'n teimlo mor fyw heno. Camu mas i grisial bregus y nos a threial peidio'i thorri hi. Mae'n boenus o brydferth mas 'ma.

Cot amdana i, sgarff yn dynn am 'y ngwegil a hewl o mla'n i'w cherdded.

Ma hi'n dawel ar y nosweth wedi i dân gwyllt dasgu dros y dyffryn a phawb yn wben am waed Dai Ffocs a'i griw terfysglyd o hyd, ganrifoedd ar ôl iddo farw. Fe fygodd tarth y noson cynt y dre i ddistawrwydd rhywle yn yr oriau mân pan nad oedd neb yn edrych.

Cyn bo hir bydd y dre hon yn dre hebddo fe'n llwyr, yn dre ble'r oedd e'n arfer byw ac wy'n cofio'r straeon am symud yma, fan hyn, i'r lle dierth 'ma a ddaeth yn gyfarwydd i'r ddau. Cyn bo hir, pan fydda i'n cerdded y stryd dim ond fi fydd yn ei cherdded hi. Ydw i'n ei deimlo fe'n diflannu? Yn llithro bant? Ydw i?

Wy'n mynd i whilo amdano fe heno, edrych ar hyd y strydoedd, heb ei weld yn unman. Ble alle fe fod? Cerdded heibio clwydi'r parc, ma'n nhw'n dal i fod ar agor heno ac wy'n gweld ei gysgod crwm e drwy'r ffens yn cerdded i ganol y parc. Slipo mewn ar ei ôl e a dala lan ar bwys y bandstand. Cydio yn ei benelin yn ysgafn ac ma fe'n troi ei ben ryw chydig i 'ngweld i. Ma fe'n gwenu'n gynnil. Ni'n cerdded heibio'r felodrom newydd ffansi ble rhoddwyd ysbrydion hen seiclwyr y gorffennol i gysgu dan goncrit, dynion â'u mwstashys yn lletach na *handlebars* eu beiciau.

'Falch dy weld di.'

'Meddwl bo' fi wedi'ch colli chi.'

'Fi'n dal i fod 'ma. Dere.'

Ni'n dewis mainc sy'n edrych 'nôl dros oleuade'r dre. Ma'r ddau ohonon ni'n ishte.

'O'dd dy fam ddim yn lico dod â chi blant i'r parc, rhy bell ar draws dre, medde hi. Bydde hi'n flinedig cyn cyrradd. A wedyn, bydde ishe whare.'

'Ma fe'n bell o tŷ ni, sbo.'

'Ti'n meddwl gafodd dy fam fywyd da gyda fi?'

'Dyna'r bywyd ddewisodd hi.'

'Druan.'

'Pidwch bod yn sofft.'

'Wel ... jyst meddwl fydde hi wedi ca'l gwell amser yn rhywle arall.'

Saib.

'Chi am i fi fod yn onest?'

'Allet ti dreial.'

'Sa i'n credu y galle hi fod wedi ca'l bywyd gwell. O ddifri. Fe wherthinoch chi, fe lefoch chi, ac yn fwy na hynny fe garoch chi'ch gilydd ... a ni. Do's dim yn well na hynny.'

Saib eto.

'Falle bo' ti'n iawn.'

'Fi'n iawn am lot o bethe.'

'Wy wedi sylwi. Hyd yn o'd pan wyt ti'n rong.'

'Stedi on.'

'Jyst becso, 'na i gyd.'

'Sdim ishe.'

Ni'n tawelu ac edrych ar y dre 'da'n gilydd, ei gwerthfawrogi hi am yr hyn yw hi yn y tywyllwch, gem ddisglair ble ma'r beiau wedi'u cuddio dan fantell felfed ddu heno.

'O'dd dy fam yn iawn am lot o bethe hefyd.'

'Wy wedi dod i sylweddoli hynny wrth i fi fynd yn hŷn ac wy'n cico'n hunan na wedes i wrthi.'

'O'dd hi'n gwbod, paid â becso'

'Wy'n gwbod.'

'O'dd hi yn rong am *un* peth, cofia.'

'Beth o'dd hwnna?'

'*Ma* modd ca'l gormod o dywelion.'

'E?'

'Ti 'di edrych yn yr *airing cupboard* yn ddiweddar?'

Gyda hynny, ma'r gwalch yn sefyll ar ei draed ôl, codi ei het arna i'n gwrtais fel rial gŵr bonheddig ac off â fe i lygad pydew'r nos.

*

Gyda'r nosweithie'n closio aton ni, daw'r nos yn gynt bob dydd. Y dyddie 'ma, wy'n dueddol o roi 'mhen lawr a cherdded mewn i'r düwch. Allen i ddala'n anadl hyd at y gwanwyn, falle. Allen i gau'n llygaid a'u hagor nhw eto pan ddaw'r haul. Ond wedyn wy'n gweld y fenyw â goleuade'r Nadolig yn ei het, ac wy'n ailfeddwl. Ma ganddi hct ddu, uchel, fel het silc *toff* ac o gwmpas y cantel ma hi wedi rhwymo torch o oleuade dail celyn ac aeron. Wy'n nabod ei hwyneb hi, ma hi'n byw ar bwys yr eglwys ac mae'n cadw'r lleuad yn ei stafell fyw a llond ffurfafen o sêr yno hefyd.

Ma'r fenyw'n hwylio'n araf tuag ata i, fel tase hi'n cymryd yr hewl gyfan i deithio ar ei hyd ddi – dyma chi garnifal o fenyw. Mae'n dipyn o sioe. 'Co hi'n dod, â gwên ar ei hwyneb achos ma hi'n gwbod ei bod hi'n cario miri siriol ar ei het, digon i bawb sy'n digwydd cerdded heibio. Tamed bach ffôl o ffol-di-rol i lonni'r lleddf a thwinclan yn y tywyllwch.

Ac wy'n cymryd ychydig o'i gole ganol nos hi gyda fi, yn ei roi yn fy mhoced yn ddiolchgar i'w gadw tan wedyn pan aiff pethe'n llwm. Rhyw symthing bach i gadw 'nghalon i'n gynnes yn ystod hirlwm.

*

A'r mowcedd! Mae'n Ddolig glatsh! Y Dolig cynta heb ... chi'n gwbod ... Ma ishe i fi stopo bod yn gymaint o hen fabi loshin. Dere! Amser i'r byw, nid y meirw, yw Dolig.

Dim ond diwrnod yw e, wy'n gwbod, ond fydd e ddim yr un peth a ma'r holl halibalŵ trefnu, siopa, ciniawa, pasiantau, gwasanaethau a dathlu wrth symud gyda phanic tua diwedd y flwyddyn yn neud i fi deimlo 'mod i ar drên sy wedi colli rheolaeth, sy'n mynd fel Jehu, yn clecian ar hyd y cledre a gwreichion yn hedfan i bob cyfeiriad ac wy jyst am iddo ... ddod ... i ... stop a 'ngadael i bant yn y man ble'r ydw i.

Weithie, pan wy'n edrych lan tua'r awyr ac mae'n llonydd gyda'r nos, wy'n gallu clywed carnau ceirw Siôn Corn yn clatsho gwreichion dros y toeon ac fe allen i dyngu 'mod i wedi'u gweld nhw'n diflannu heibio i gorn simdde fwy nag unwaith. Mae'n digwydd pan nad wy'n disgwyl ac wy'n sylweddoli, sdim ots pa mor hen ydw i, bod hud y Nadolig yn dal i gydio.

Wy'n neud rhestrau ar restrau o bethe i'w cofio ac yn synnu at ba mor debyg i sgrifen 'y nhad yw'n un i. Ac wy'n cofio 'mod i wedi ffindo swp o gardie pen-blwydd o sawl ddoe yn ôl mewn drâr yn tŷ ni ychydig wythnose 'nghynt a gweld cyfarchion yn ei sgrifen e; roedd e fel 'se fi'n clywed ei lais e'n y stafell. Syllu ar 'yn sgrifen i ar y rhestr eto a'i gweld yn ddierth, fel tase fe'i hunan wedi neud y sgrifennu er mwyn helpu 'da'r trefniade. Ac fe feddylies i: wel, ma hwnna'n hollol boncyrs, achos doedd ganddo fe ddim o'r syniad cynta am bethe fel hyn. Roedd e'n hoples. Gadael i bobol eraill neud oedd steil Dad.

Ma'n nhw'n cynnau goleuade'r ŵyl yn gadwyn rownd y dre. Daw pawb ynghyd ar y sgwâr i ryfeddu eleni eto at y golau yn y gwyll, y golau sy'n cadw fflam ynghyn pan fo'r nos yn cau amdanon ni. Ma'r plantos yn canu am faban yn y gwair ac ma'r oedolion yn gwenu'n addfwyn ar eu hepil, a gwadu'r ffaith eu bod nhw'n prifio o flaen eu llygaid er gwaetha'r dystiolaeth i'r gwrthwyneb a phob ymdrech ofer i arafu amser. Ysgwyd pen wrth resynu, yn dyw'r Dolig yn dod rownd yn gynt bob blwyddyn, gwedwch? Ma'r dre yn deffro i gynnwrf y Nadolig ar y noson hon, tân gwyllt i gynhesu'r gwaed a gitarydd llawn angerdd yn sefyll ar do'r dafarn ar y sgwâr yn chware fel Brian May.

Ma'r ymarferion wedi dechre o ddifri yn y capel, Mair a Joseff wedi ffindo asyn eisoes a Herod yn perffeithio bod yn gas i ddynion doeth ac i fabis.

Wy'n bwrw iddi ag arddeliad gyda siopa am bethe i bob un. Prynhawn fan hyn, diwrnod fan draw yn casglu llond bagiau o lawenydd y foment i'w rhoi i bobol, jyst i ddangos 'mod i wedi meddwl amdanyn nhw, achos dyna sy'n bwysig, yndife?

Weithie wy'n gweld rhywbeth mewn siop ac ma eiliad o hanner meddwl y bydde fe'n lico hwnna yn paso heibio i fi, wedyn daw'r siom o gofio na fydd ishe prynu dim un anrheg iddo eleni na byth eto, ac na fydd e'n datgan: 'Dim byd i fi y Nadolig hwn.' Ac na fydd ishe i fi ei ateb fel o'n i'n arfer neud: 'Dewch nawr, fyddech chi'n drist iawn tasech chi'n ca'l dim, fyddech chi'n meddwl bod pawb wedi anghofio.'

'Na fydden i,' bydde fe'n gweud yn llawn brafado jocan dyn marw.

'Byddech chi'n llefen mewn i'ch *Christmas-meal-for-one* chi a meddwl nad o'dd neb yn 'ych caru chi.'

Achos un flwyddyn, ddim sbel ar ôl i Mam farw, fe ofynnes i, 'Ble chi'n mynd ar ddydd Dolig?' Achos o'n i heb feddwl am unrhyw drefniade hyd at hynny.

'Sa i'n gwbod. Gytre siŵr o fod. Sa i wedi ca'l gwahoddiad i unman.'

Ac fe wnes i ryw sylw bach fflipant fel, 'O wel, *meal-for-one* o Marcs fydd hi.' Anghofies i 'mod i wedi gweud shwd beth. Ond rhyw ddiwrnod, wythnose wedyn, pan o'n i'n whilo rhywbeth yn ei rewgell e, fe weles i'r *Christmas-meal-for-one* yn llechu ar waelod un o'r draere.

'Beth yw hwn?' medde fi

'O, hwnna? *Safety net* yw hwnna. Rhag ofan,' medde fe.

'Rhag ofan beth?' medde fi 'to, ddim yn barod i adael i'r peth fynd.

'Rhag ofan bydde pawb yn 'yn anghofio i.'

'Sneb 'da babi Pontypridd, ife?'

'Rhwbeth fel'na.'

'Pwy anghofio fydden ni?'

'Ti byth yn gwbod. Alla i weld y senario nawr, "Ond o'n i'n meddwl bod e'n dod atoch *chi*." A 'na ble bydden i'n ishte ar 'y mhen 'yn hunan bach yn y tŷ'n twidlo 'modie yn aros i rywun ddod, a neb yn dod.'

'As if,' medde fi.

Ta p'un 'ny, wy'n rhoi'r jar o bwy bynnag bicl weles i 'nôl ar y silff yn y siop – fe geiff rhyw dad-cu arall gael hwnna eleni, wy'n meddwl.

*

Weithie, pan wy'n ishte yn sêt gefen y capel ac ymdawelu, wy'n wyndro ydy e 'ma gyda fi fan hyn 'te? Ac wy'n meddwl falle 'i fod e, wy'n meddwl 'mod i'n gallu teimlo'i bresenoldeb e. Ond wy siŵr o fod yn rong. Sneb yn gofyn i fi shwd ma fe'r dyddie 'ma, achos smo fe 'ma mwyach. Fel 'sen nhw wedi anghofio ei fod e wedi bod yma erioed. Shwd ... allen ... nhw ...? Ond wy'n meddwl amdano fe bob dydd. Er, weithie, wy ddim yn gallu cofio shwd wyneb o'dd 'dag e ac wy'n panico na fydda i'n gallu cofio shwd un o'dd e byth eto a bod hwnna'n neud fi'n groten rybish.

Rhyw ddydd, wy'n gwbod y bydda i'n mynd am ddiwrnod cyfan heb feddwl amdano, yna am wythnos, wedyn am fwy na hynny, ac fe fydda i'n teimlo'n euog pan fydda i'n cofio ond fe fydd y fenyw gall ynddo i'n gweud wrth y groten rybish mai fel'na ma fe i fod, y dwpsen.

*

Weles i bod *poinsettias* yn y siope a chymryd hynny fel arwydd. Prynu llond bŵt ohonyn nhw a theithio draw'n llond car sha'r cwm culach na cham ceiliog, jyst fi. Galw lan yn y fynwent eto, dim ond i ddymuno cyfarchion yr ŵyl i bawb yno, fel ni wedi neud bob blwyddyn ers tro. Gosod blodyn coch mewn potyn ar bob bedd, gweud, 'Nadolig Llawen a wela i chi flwyddyn nesa. Bihafiwch!' Gwbod, erbyn y flwyddyn nesa, bydd enw newydd ar un o'r bedde, fwy na thebyg. Fe roswn ni am damed bach eto, cyn neud unrhyw beth â'r llwch. Sdim brys.

Cerdded o ran newydd y fynwent i'r hen ran a mwynhau darllen llanw a thrai'r Gymraeg ar y cerrig beddau. Ma fan hyn yn lle pert ofnadw, alla i weld draw at ochor arall y cwm ac am y mynydd ble ma pobol yn gallu cyffwrdd â'r haul. Crwydro'r fynwent heb yngan gair. Sdim ishe.

Gorffen y daith a mynd am y Bracchis i gael bwyd. Llond bolied o saim i roi egni ar ddiwrnod rhewllyd ble ma'r gwynt yn whislo rownd y pigyrne. Sdim gwell.

Gyrru 'nôl dros y mynydd am sha thre, wedi neud 'y

nyletswydd, wedi neud rhywbeth mwy na hynny hefyd. Er ... sdim ots.

*

A chyn bod pobol yn gall, ma'r dyddie'n tasgu i'w gilydd tua'r deuwch ac addolwch a'r cenwch, gorfoleddwch a diwedd y flwyddyn. Caneuon i gynhesu'r galon ar y radio a'r un hen ffilmie ar y teledu i'n hatgoffa ni'n bod ni wedi neud hyn droeon o'r blaen. Ac wy'n teimlo ar goll yn y cyfarwydd.

Pawb yn dymuno'n dawel bach yn eu calonnau am damed o eira i daenu ei hud dros y wlad am sbel.

Ac yn sydyn, ma fe 'ma, y Diwrnod Mawr.

Pob dim wedi'i neud, tic yn erbyn pob tasg. Pob un wedi cael eu hanrhegion, y goeden yn ei lle'n showan off ei haddurniade a'r cwpwrdd bwyd yn gwegian dan bwysau pethe ffein i'w byta a digonedd o goed tân i bara dros yr hirlwm. *Sorted*.

Mae'n dawel arnon ni nawr, yn llonydd.

*

Ar fore Nadolig, dim ond fi sy'n byta brecwast wy a samwn eleni ac wy'n dangos i bawb 'mod i'n joio'n jogel, digon i ddau. Hen beth rhyfedd yw Dolig joli.

Lawr i gwrdd â'r môr â ni, i gerdded gyda'r prynhawn, a'r traeth yn fwrlwm o bobol yn gwenu'n braf ar ei gilydd fel pentrefwyr siriol mas yn cymdeithasu. 'Dolig Llawen!' Dolig llwm.

Gwythiennau'r tywod yn mystyn am y môr.

'Nôl adre, ni'n symud yn reddfol at y bwrdd bwyd i fyta yng ngolau cannwyll. Mae'n teimlo mor arbennig, yn dyner a dwys fel defod. Ma 'na gadair wag, wy'n treial peidio ag edrych arni ac wy'n jocan i fi'n hunan bod rhywun yn ishte ynddi. Achos, wedi'r cwbwl, ma fe 'ma gyda ni, yn ddarnau mân ynddon ni i gyd, wrth gwrs ei fod e.

Ar ddiwedd y diwrnod rhyfedd hwn, yr un â thwll ynddo, wy'n ishte ar y soffa'n pyslo a wnes i fwynhau ai peidio. Ac wy'n meddwl y gwnes i. Do wir.

*

Rhyw lwyd hyfryd, lleddf yw'r lliw sydd ar y cyfnod carpiog rhwng y Nadolig a'r flwyddyn newydd. Ma tarth annelwig yn bwrw dros bob dim ac yn ffwndro'n synhwyre ni rhyw damed. Ein mygu. Yn yr amser hwn ma'r ddwy flwyddyn yn cwrdd â'i gilydd a phan nad oes neb yn pipo, yn dawel fach, ma'n nhw'n trwco hetie'n slei.

Cyn bo' ni'n sobri o'n dathlu, ni wedi llithro mewn i ddechre newydd 'to, at roi shot arall arni, at lechen lân.

Ma'r holl oleuade a thinsel yn dechre colli'u sglein ac mae'n bryd clirio am y tro a dod yn fwy syber ein gwedd. Cau botwm ucha'r got yn dynn a dygnu arni 'sbo'r gwanwyn. A phan fydd y dyddie'n mestyn fe drown ni'n hwynebau ni tua'r haul am gynhesrwydd ac ochneidio mewn rhyddhad.

Tan hynny, mae'n fain arnon ni.

*

A rhywbryd yn ystod yr amser llwm hwn, tra'n bod ni'n dal i allu cyfri dyddie'r flwyddyn newydd ar ddwy law, daeth y rhew a gwynnu pob dim. Fe gawson ni bresant annisgwyl o weld patrymau les pert ar y ffenestri, y pylle wedi gwydro a'r glaswellt yn y caeau ochor draw i'r afon yn arian i gyd. Ma'r haul wedi'i fferru yn yr awyr a'r wlad yn edrych yn bert ryfedda. Beth am fynd am dro ar hyd y dyffryn? Gwd eidîa. Gwisgo'n gynnes a chamu mas i'r diwrnod brau.

Ma'r cwbwl yn sawru'n fyw; yn gwynto fel glaw-a-phridd-a-dail-a-llaid-a-choed-a-mwsog-ac-awyr-a-chymyle-ac-adar-ac-anifeiliaid-bach-y-maes, a phob dim yn gymysgedd 'da'i gilydd. Ma'r cyfan yn teimlo'n newydd. Ni'n cerdded, yn deulu, ond sneb yn gweud gair, am fod y synhwyre'n llawn am wn i. Ma pob un ar ei daith ei hunan.

A phan ni'n dod 'nôl i tŷ ni ma gan bawb fochau cochion a sglein yr awyr agored yn eu llygaid nhw. Ac yn sydyn ma pawb yn parablu dros ei gilydd fel ffylied ar ôl mudandod. Siarad am peth-a'r-peth, hwn-a-hwn, dim byd mawr. Y tân yn tynnu pawb i ishte o'i amgylch. Pwy sy moyn dishgled?

Torrwyd yr ias ar y flwyddyn, ma pobol yn dadebru ac yn mestyn eu cyrff yn raddol, yn ymystwyrian o ryw gysgu rhyfedd, stiff.

Weles i ddim ohono fe, ddim unwaith dros yr ŵyl, er i fi ddyheu am neud.

*

Ma'r sêr yn ddisglair heno, yn rial siop emwaith o hardd. Pan wy'n rhoi'r sbwriel mas yn yr ardd gefen, wy'n cael 'y nhynnu i aros 'na i ryfeddu at yr ehangder er ei bod hi'n ddiawledig o oer. Wy'n camu lan am y lawnt ac yn mynd i sefyll ar ganol yr ardd jyst i fwynhau'r patrymau hynod o gysawdau sydd fel tasen nhw wedi cael eu taflu lan 'na gan rywun sydd â mwy o sêr na sens yn ei feddiant a'i fod e ffaelu cael eu gwared nhw'n ddigon clou. Pan wy'n edrych ar y ffurfafen dyllog, dywyll, wy'n teimlo'n fach ac yn fawr ar yr un pryd, mae'n neud i fi golli'r gallu i drin geirie achos sa i'n gallu dechre deall pellter na dyfnder dim sy lan fanna. Ond mae'n ysblennydd. O ydy.

Wy'n edrych lan a throi'n araf, araf bach yn fy unfan a'r holl emau disglair yn troi a throi fel golau ffair yn y düwch, mae'n ddigon i feddwi rhywun.

'Alli di weld belt Orion?'

'Yffarn dân!'

Wy'n colli 'malans ac yn cwmpo ar y glaswellt. O'n i ddim yn dishgwl y bydde fe 'ma, yn gysgod mewn cap fflat. Wy'n codi'n slo-bach, bydd gen i batshyn glwyb ar 'y nhin.

'O ble ddethoch chi?'

'Wel, alli di?'

'Ddim o fan hyn, ma fe'r ochor draw i do'r tŷ. O'n i ddim yn meddwl fydden i'n 'ych gweld chi fan hyn.'

'Na, wel, o'n i'n timlo'i bod hi'n amser i fi alw.'

'Ddewch chi mewn? Ma'r tân ynghyn.'

'Na ... ddim nawr.'

'Ddim byth, chi'n feddwl?'

'Rhwbeth fel'na.'

'O'n i'n meddwl na fydden i'n 'ych gweld chi 'to. Sa i wedi'ch gweld chi, chi'mbo, dros Dolig, er bo' fi 'di bod mas am dro sawl gwaith.'

'Wy 'na, ti'n gwbod, jyst wy'n gwbod bod ishe llonydd arnat ti weithie. A wy ddim ishe bod yn faich ar neb.'

'Beth nethoch chi â'ch amser?'

'Dim lot o ddim. Wy'n hen, cofia. *Slow*.'

'Odych chi off i rywle heno?'

'Na, wy'n credu stedda i fan hyn am damed bach os nag o's ots 'da ti. Wy'n timlo tamed bach yn wynegus.'

'Dishgled?'

'Ddim i fi, ond cymer di, os licet ti.'

'Wy'n iawn.'

Ma fe'n ishte mewn cadair ar y patio a rhoi ei ffon i bwyso'n ofalus ar fraich y gadair. Ma fe'n dechre troelli ei fodie'n glou, fel oedd e'n arfer neud flynydde'n ôl, ac wy'n synnu at hyn achos mae'n oer iawn i neud shwd beth.

'Show off.'

'Jyst dangos 'mod i'n dal i allu neud, 'na i gyd. Shwd wyt ti?'

Ma newid y pwnc jyst y peth i dynnu sylw oddi ar gampe bodie deheuig rhywun.

'Wy'n iawn. Chi?'

'Wedi bod yn well, fel ti'n gwbod. Ond wy'n timlo ...'

'Timlo beth? O's rhwbeth yn bod?'

'Dim mwy na'r hollol amlwg. Jyst timlo'i bod hi'n bryd ... 'na i gyd.'

'Pryd i beth? Beth chi'n feddwl?'

'Ma amser yn cerdded, ma pethe'n newid. Wy wedi blino nawr. Yn llwyr. Yn shwps. Mae'n bryd ... Ti'n gwbod beth wy'n feddwl?'

A jyst fel'na, fe wthiodd rhyw hen saib bach rhyfedd mewn rhyngddon ni a mynnu 'i le.

'Credu bo' fi, er, chi ddim wedi colli'r gallu i siarad mewn rhigyme.'

'Gwd gyrl. Jyst ishe gweud, taro'r post, 'na i gyd.'

Mae'n ochneidio.

Yna, ma fe'n codi, cymryd ei ffon, troi at lwybr yr ardd, cerdded ar ei hyd ddi lawr at y gwaelod a diflannu drwy'r glwyd mas i'r lôn gefen.

Wy'n ishte yno am funud jyst yn meddwl am yr hyn na ddwedodd e, yna wy'n sobri ac yn tasgu am y glwyd ar ei ôl e. Erbyn i fi gyrraedd, ma fe wedi mynd. Ma fe'n gallu symud yn glou, am hen foi marw.

*

Y noson honno wy'n breuddwydio am gerdded ar lan nant fach, guddiedig, sy'n cwato'n swil tu ôl cefen rhes o dai. Ma'r nant yn llifo o ben y mynydd lawr i'r cwm ac ma'i sŵn hi'n bert, yn canu, tasgu a diogi am yn ail, am yn drydydd, hyd yn oed. Alla i weld crwt penddu'n sefyll ynddi lan at ei bigyrne gyda'i dad sydd â'i drowser e wedi'i rolio lan at ei beneglinie. Ma'n nhw'n pysgota am frithyllod gyda'u dwylo. Ma'i dad yn ei ddysgu e am amynedd ac am aros yn llonydd. Ma fe'n ei ddysgu e am ddyfalbarhad ac am anelu at y nod. Weithie ma'r crwt yn anobeithio ac yn stranco, ond ma'i dad e'n plygu lawr ato ac yn rhoi ei wyneb e'n agos, agos at ei wyneb bach e a'i anwylo ag anogaeth dadol. Ma fe'n siarad yn dawel, dawel ag e, yn edrych yn syth i'w lygaid e fel 'se fe'n gweld yn ddwfwn i'w enaid. Ma'n nhw'n dal ati ac yn y diwedd ma'r crwt yn dala rhywbeth! Ma'r dŵr yn ferw gwyllt ond ma'r crwt yn dala'n sownd i'r pysgodyn brown er gwaetha'i wingo angheuol e. Ma'r crwt yn gweiddi mewn gorfoledd. Ma fe am fynd â'i helfa adre i'w fam yn syth. Mae'n sgathru lan y bancyn a rhuthro am y tŷ'n teimlo'n rial styfyn gricoi. Bydd swper i'r brenin heno. 'Maaaam!'

*

Pan wy'n deffro yn y bore, wy'n gwbod yn gwmws beth sy'n rhaid ei neud.

*

Ni'n trefnu cwrdd, y tri theulu, yn gynnar y bore cyn bod dim un ohonon ni welygarwyr ffwndrus yn gwbod ife mynd neu ddod y'n ni. Mynd nethon ni yn diwedd. Fe deithion ni yno yn ein pwyse bob yn gar. Lan dros y mynydd a lawr hyd waelod y cwm cul ble ma'r bobol yn breuddwydio am y sêr. Ar hyd y strydoedd cul, troellog, poblog a throi lan sha'r pentre. Yno mae'n dawel ar y stryd, yn llonydd.

Ni'n gyrru lan y tyle a dod i stop ble ma'r hewl yn gorffen, ble ma'r tarmac yn diflannu a'r llwyni mafon yn codi fel lledrith o'r ddaear a llusi duon bach yn tyfu dan draed rhwng y rhedyn a'r mwsog. Parco. Ishte i aros pawb arall.

Mae'n gythgam o oer. Rhew yn cau am y car a ninne'n deulu'n nythu'n glòs tu fewn. Pawb arall call yn eu cartrefi'n cadw'n dwym. Jiawled lwcus.

Ni'n camu o'n ceir a symud yn araf fel breuddwydion at ein gilydd ar hyd yr hewl 'ma sy ar ddiwedd amser. Pawb yn sibrwd, rhag tynnu sylw'r cymdogion.

Ma un ohonon ni'n peswch fel dafad er mwyn torri ar y sgwrsio tawel.

'Ody e 'da ti?'

'Ody. Ym mŵt y car.'

'Am ffordd i deithio ar dy daith ola, ym mola'r bŵt.'

'O'dd dim lle yn y car. Gormod o bobol.'

'Sbo. Ddim y bydde fe wedi gweld lot hyd yn o'd tase fe'n ishte ar y *dashboard* bob cam o'r ffordd.'

'Wel, cer i nôl e 'te. Peth dwetha ni moyn neud yw gyrru 'nôl gytre a fynte'n dal i fod yn y bŵt.'

Clwyd fach bren, simsan sy rhyngddon ni a'r mynydd. Ni'n camu drwyddi'n ofalus, un wrth un, ac yn sydyn ry'n ni mewn byd arall. Ma'r niwl yn casglu'n rasel finiog ar rimyn y nant ac ochor draw iddi ma rhesed o dai mas go shimpil yr olwg; hen sheds, iard i ffowls, y math yna o beth. Ma hwn yn lle da i lygod. Ma pethe'n cael eu towlu fan hyn mas o'r ffordd i'w hanghofio tra bod hi'n *scatter cushions* a *fancy throws a-go-go* tu draw i'r ffens ble ma'r gerddi'n gymen.

Ma'r tyle'n codi rhyw damed a'r llwybr lleidiog yn agor mas i ehangder llwyd awyr gymylog diwedd mis Ionawr. Mae'n ben-blwydd ar rywun, yn dyw hi? Tase fe'n fyw, fydde fe'n hynod hen heddi, yn rili hen, yn rhy hen o'r hanner, dim whare. Hapi byrthdei, byrthdei boi. Ddethon ni â'r hyn sy'n weddill ohono gyda ni yn y bocs. Ma fe 'ma gyda ni, am y tro ola.

Ni'n cyrraedd man tawel ble does 'na ddim awel a ni'n aros yn griw 'da'n gilydd. Anadlu. Barod?

Fan hyn ma fe ishe bod, fe wedodd e sawl tro. Yma, yn y fan ble bydde fe'n pysgota, yn y fan ble freuddwydiodd e 'i holl blentyndod mas o ffenest ei stafell wely gefen am bethe oedd i ddod, siŵr o fod, ble bydde fe'n pwyso ar ei beneline gan syllu ar y sêr a thu hwnt ac anadlu mas i'r nos. Dyma'r fan ble magwyd y bachgen llygatfrown, difrifol, a'i garu'n llwyr gan fam a thad na chele fe ddim o'u gwell yn unman. Dyma'r fan ble roedd pob dechre iddo fe, ar ben y stryd ddi-nod hon, y fan ble'r oedd y byd i gyd yn grwn yn byw. A dyma'r fan ble ma'r gorffen. Heddi.

Agor y bocs. Arllwys y llwch i'r nant yn dyner. Gofalus ... gofal nawr. Gwylio'r cynnwys yn whare 'i ffordd lawr ar hyd y cerrig, yn dawnsio tua'r gored heibio cefen y tŷ a diflannu. A ni'n teimlo 'i ynni e'n rhuthro tua'r entrych.

Diolchiadau

Daeth y gyfrol hon o nunlle, do'n i ddim yn meddwl y byswn i'n ysgrifennu'r fath beth. Ond dyna ni, wy wedi gwneud nawr ac a dweud y gwir, wy'n falch y gwnes i, achos mae hi wedi cychwyn sgyrsiau gyda phobl na fydden i wedi'u cael fel arall. Daw mwy o sgyrsiau eto.

Licen i ddiolch i Marred, Gwasg y Bwthyn, am fod mor dyner gyda fi a'r gyfrol. Diolch mawr iddi am fod mor sensitif a chall – dwi'n gwerthfawrogi bob dim, o'r cyfarfyddiad cynta dros goffi hyd yr amen ola.

Diolch i Huw Meirion Edwards, Adran Olygyddol y Cyngor Llyfrau, am brawf ddarllen gyda'i lygaid siwpyrhiro ac am bob anogaeth wedi hynny.

Diolch i Rebecca Ingleby Davies am y clawr hyfryd ac am fod yn gymaint o ffrind.

Diolch i Cliff, Gwasg y Bwthyn, am ei waith gosod cymen.

Diolch i deulu'r Gelli Werdd am fod yn chi.

Diolch i Mam a Dad – eich bai chi yw hyn i gyd.